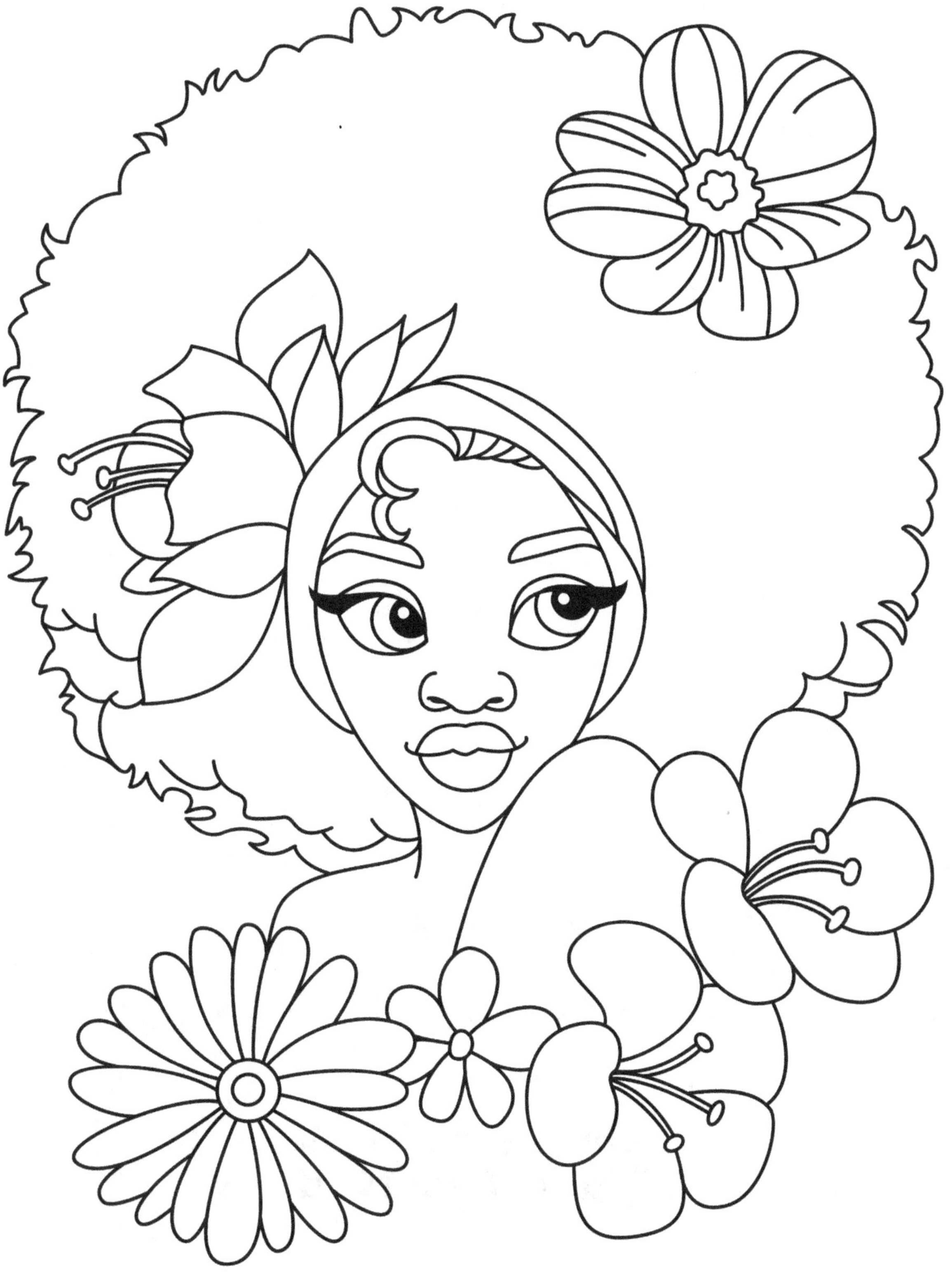

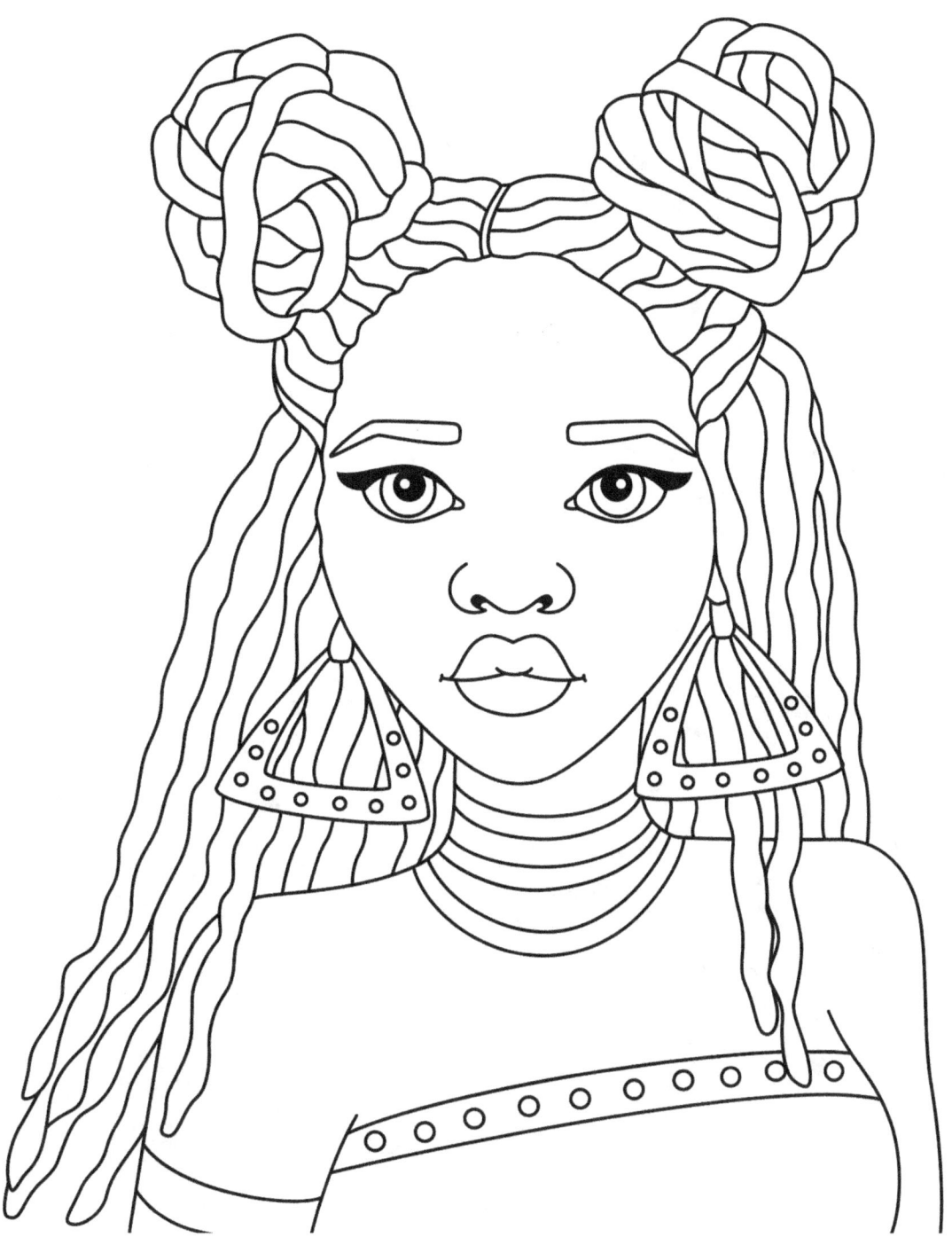

THIS BOOK BELONGS TO

_____

Beautiful Black Girls
Coloring Book

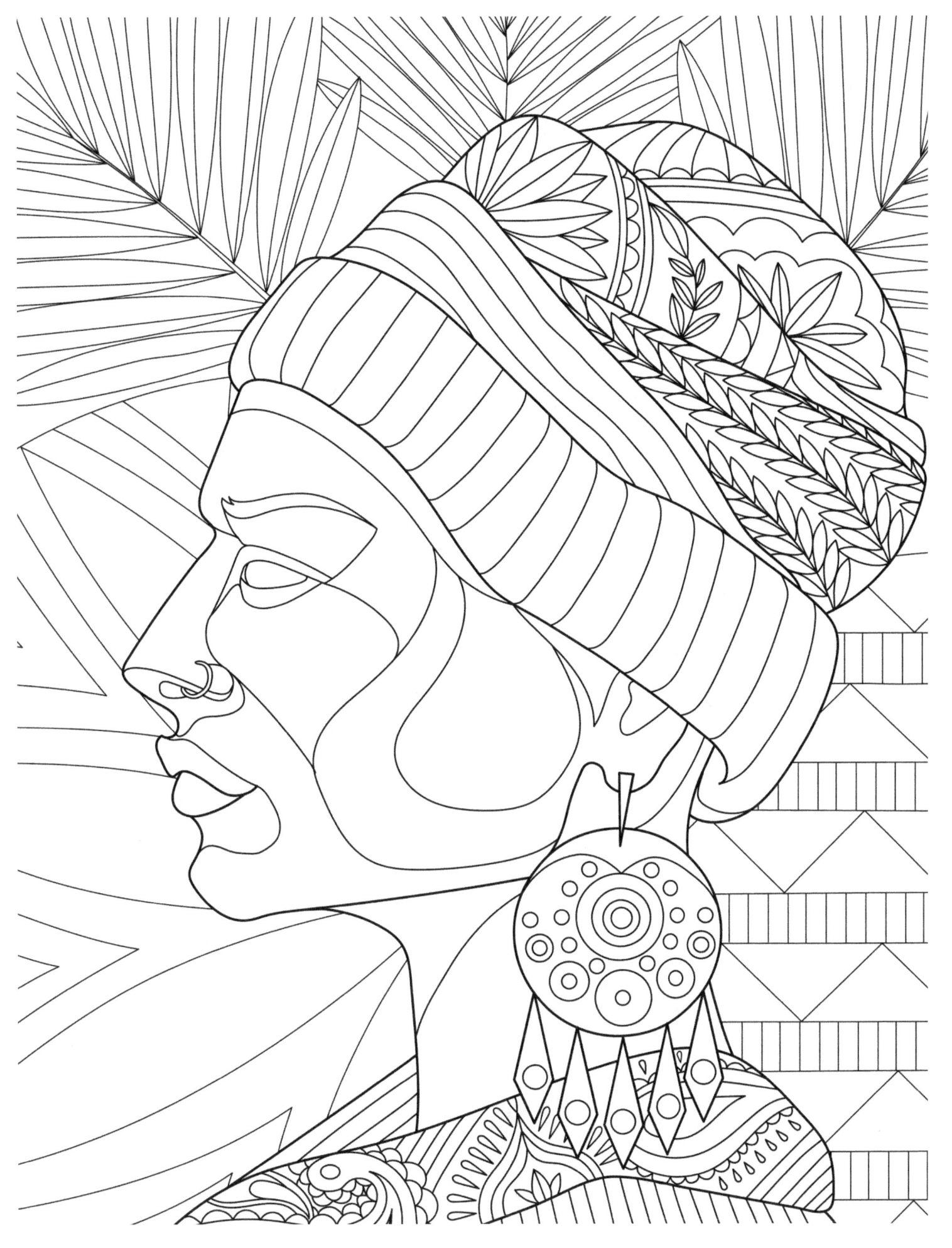

Beautiful Black Girls
Coloring Book

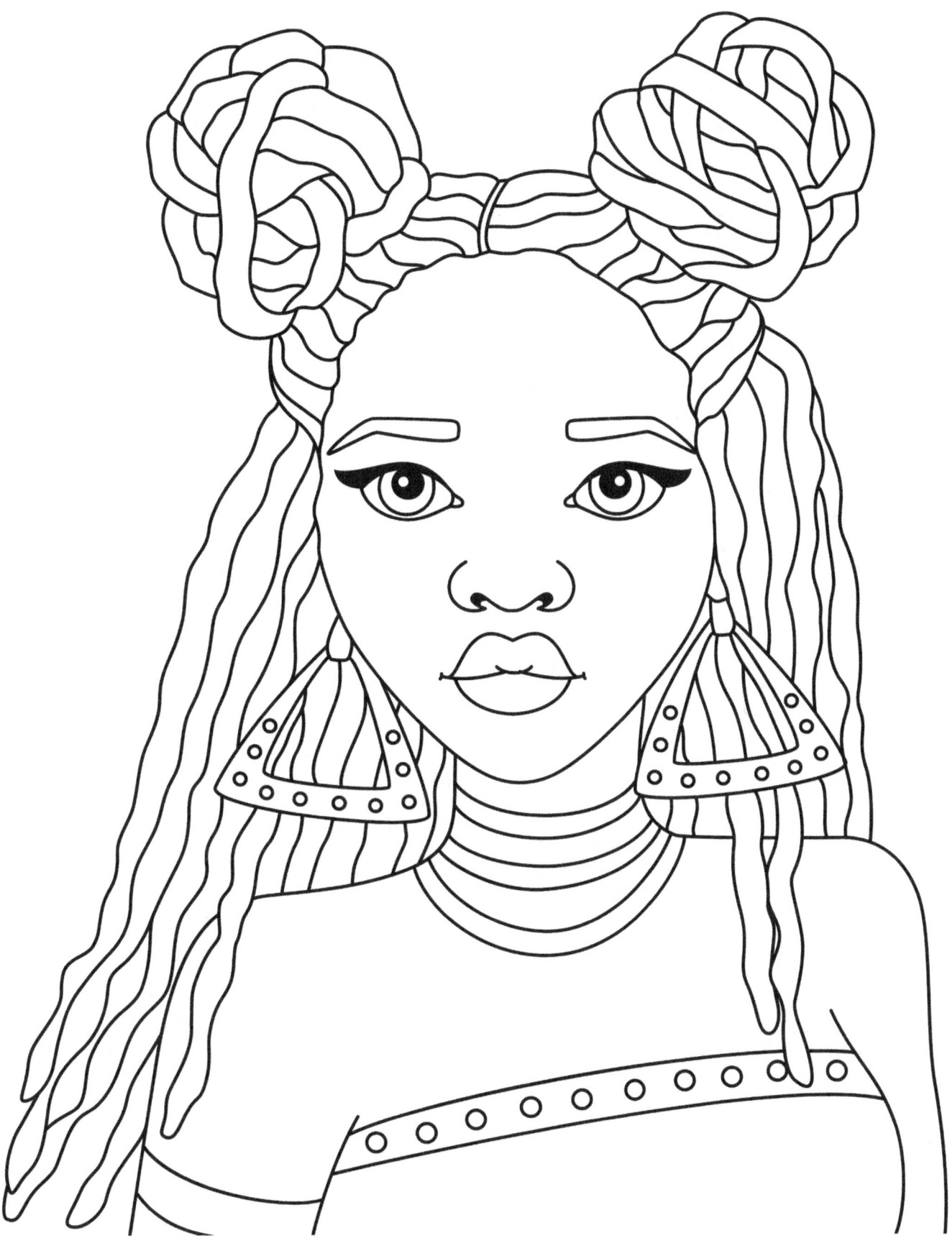

Beautiful Black Girls
Coloring Book

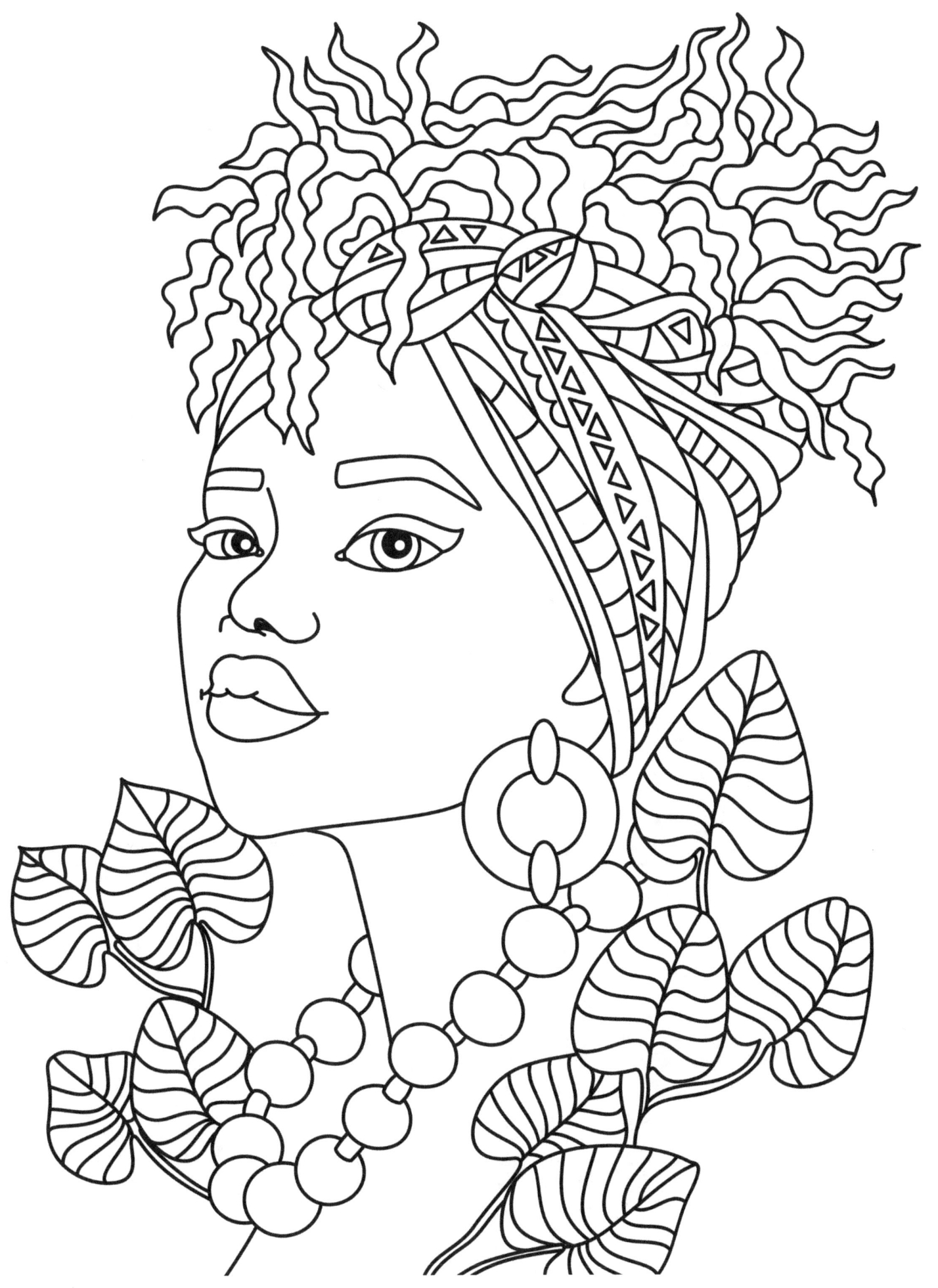

Beautiful Black Girls
Coloring Book

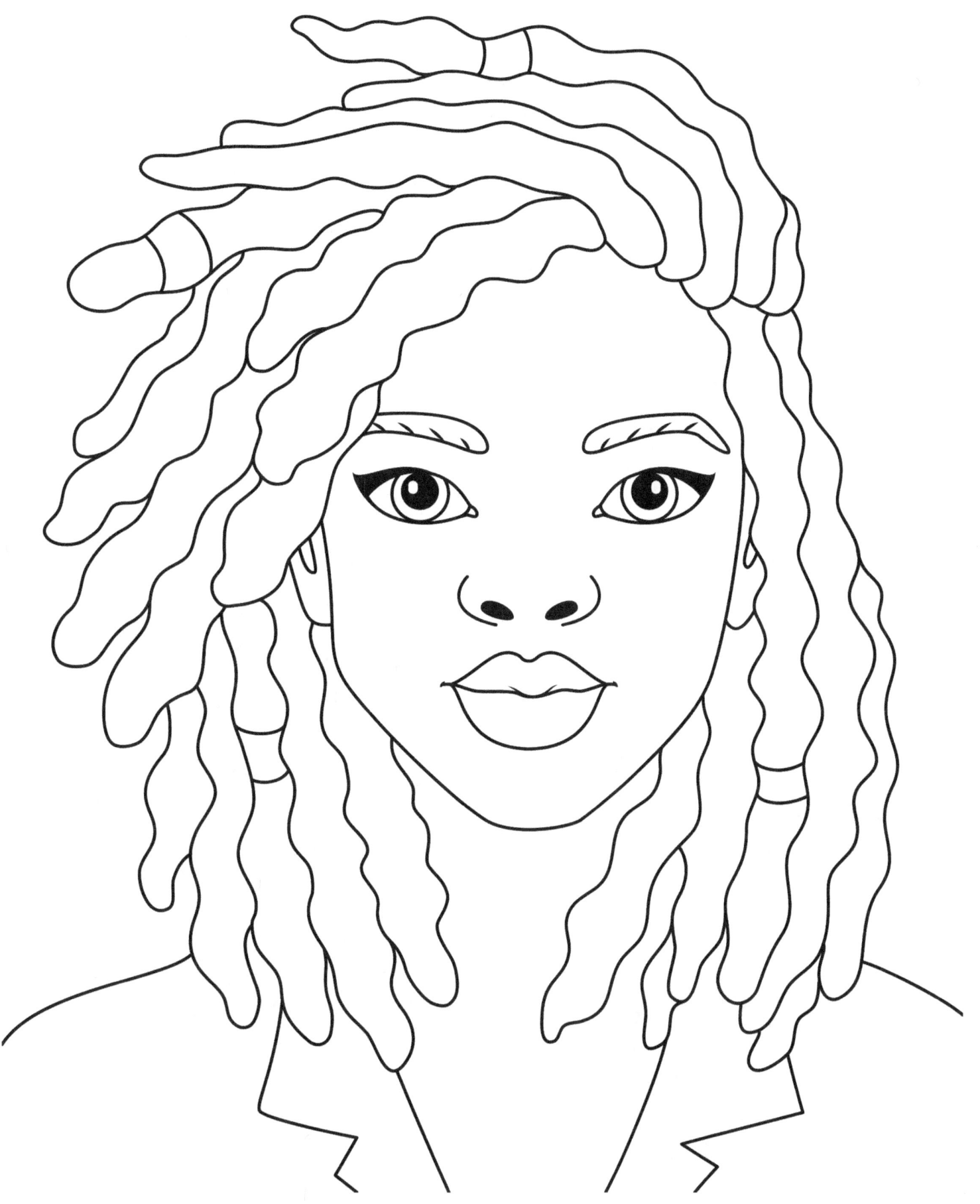

Beautiful Black Girls
Coloring Book

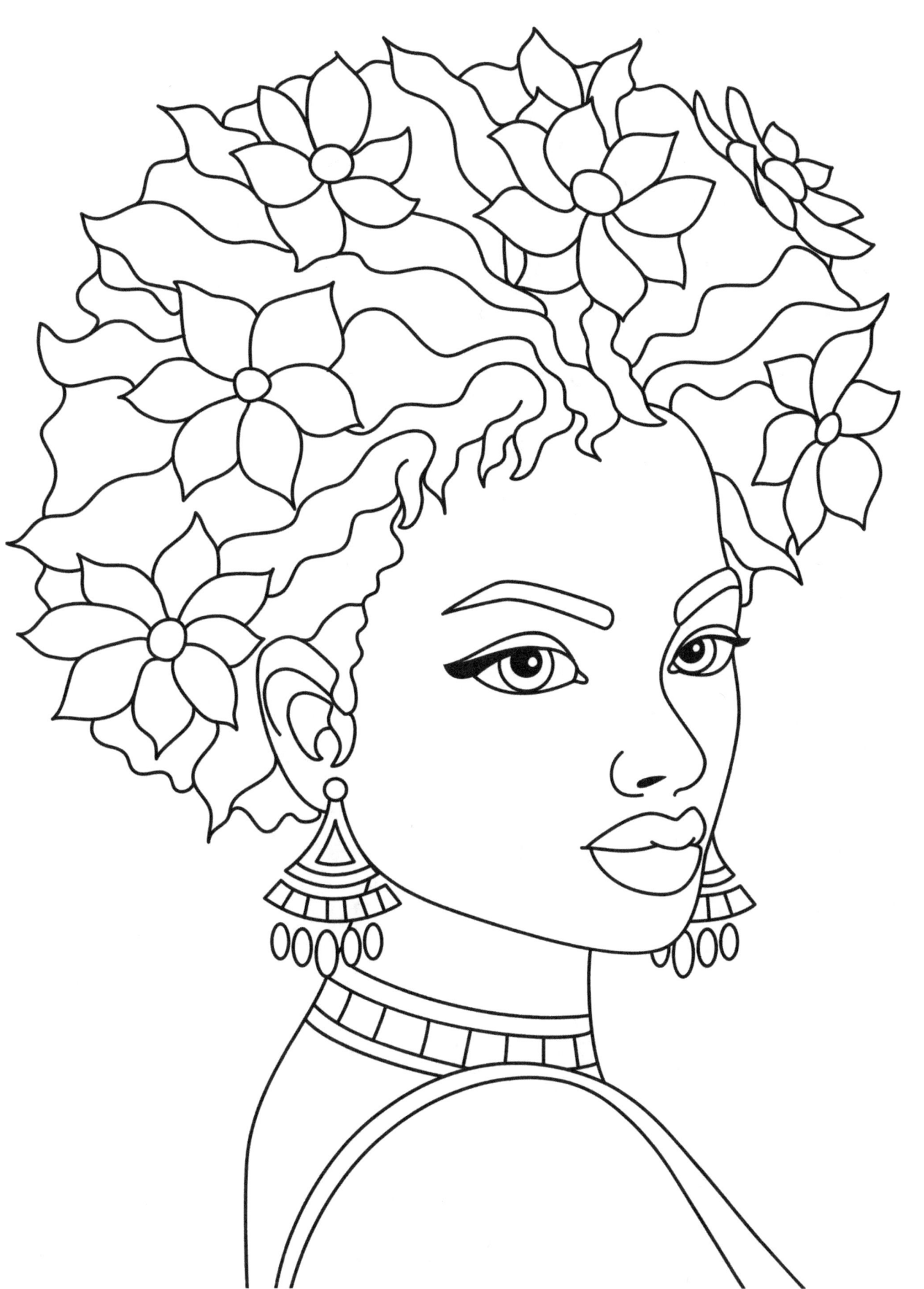

Beautiful Black Girls
Coloring Book

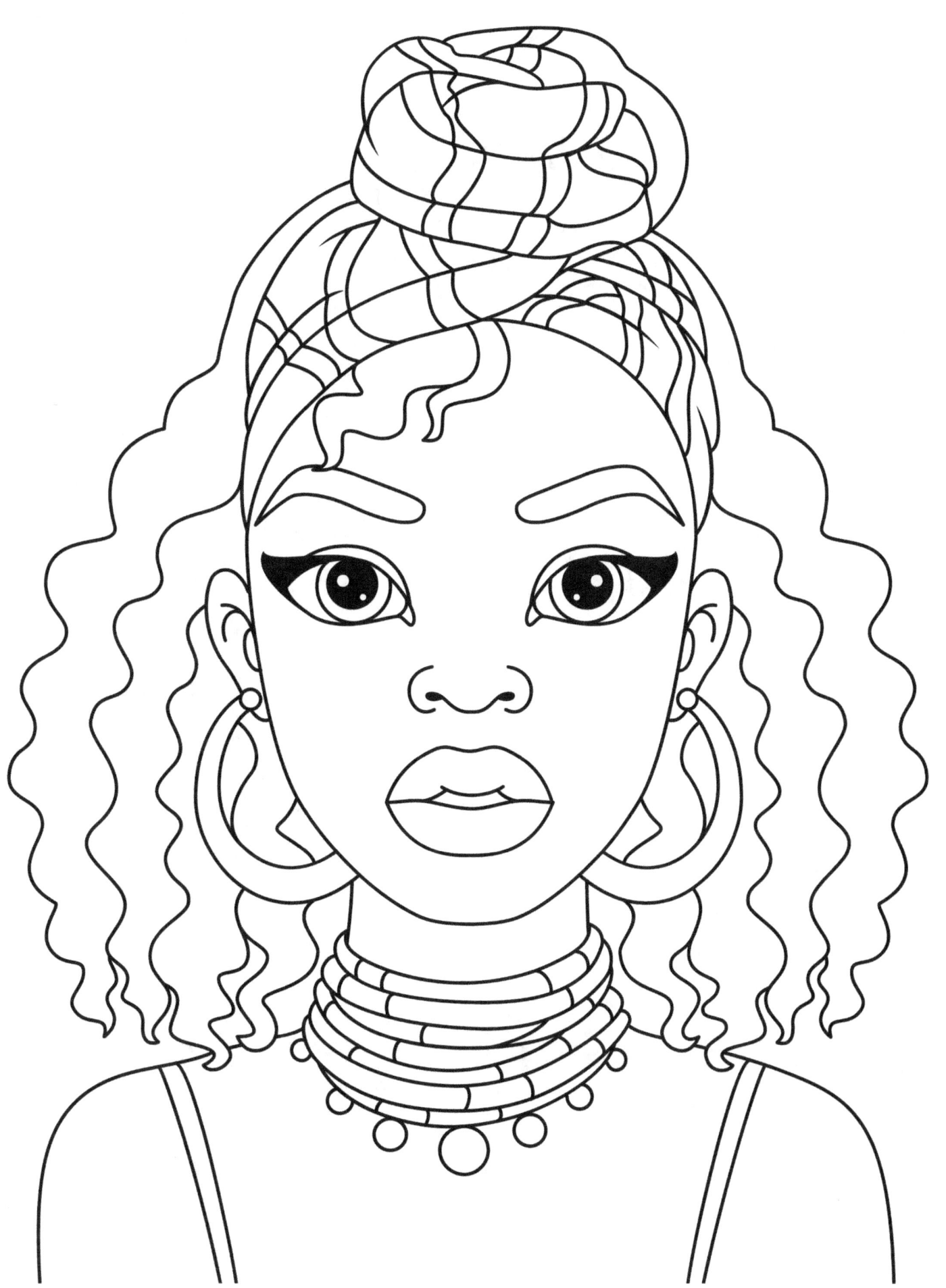

Beautiful Black Girls
Coloring Book

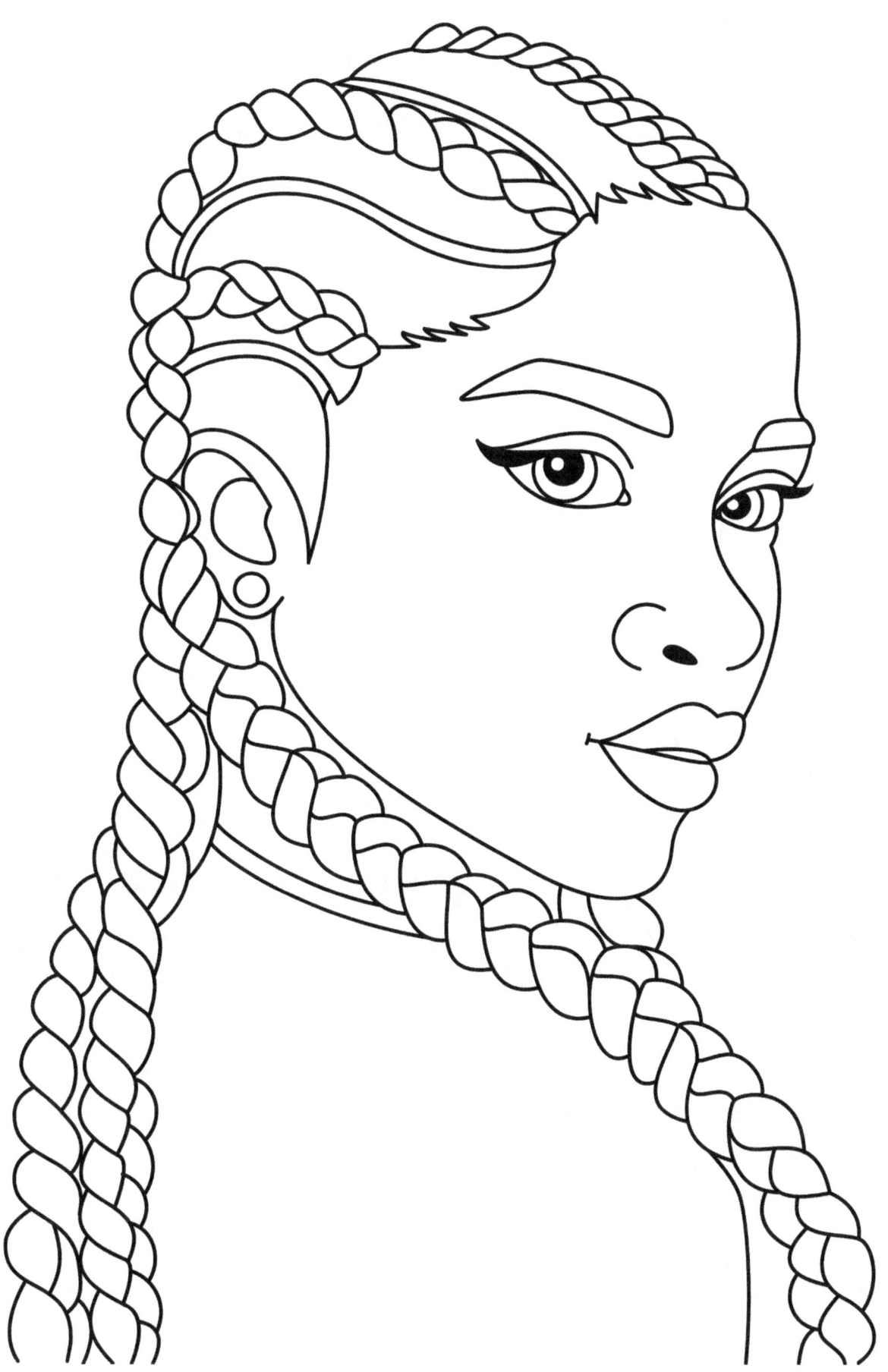

Beautiful Black Girls
Coloring Book

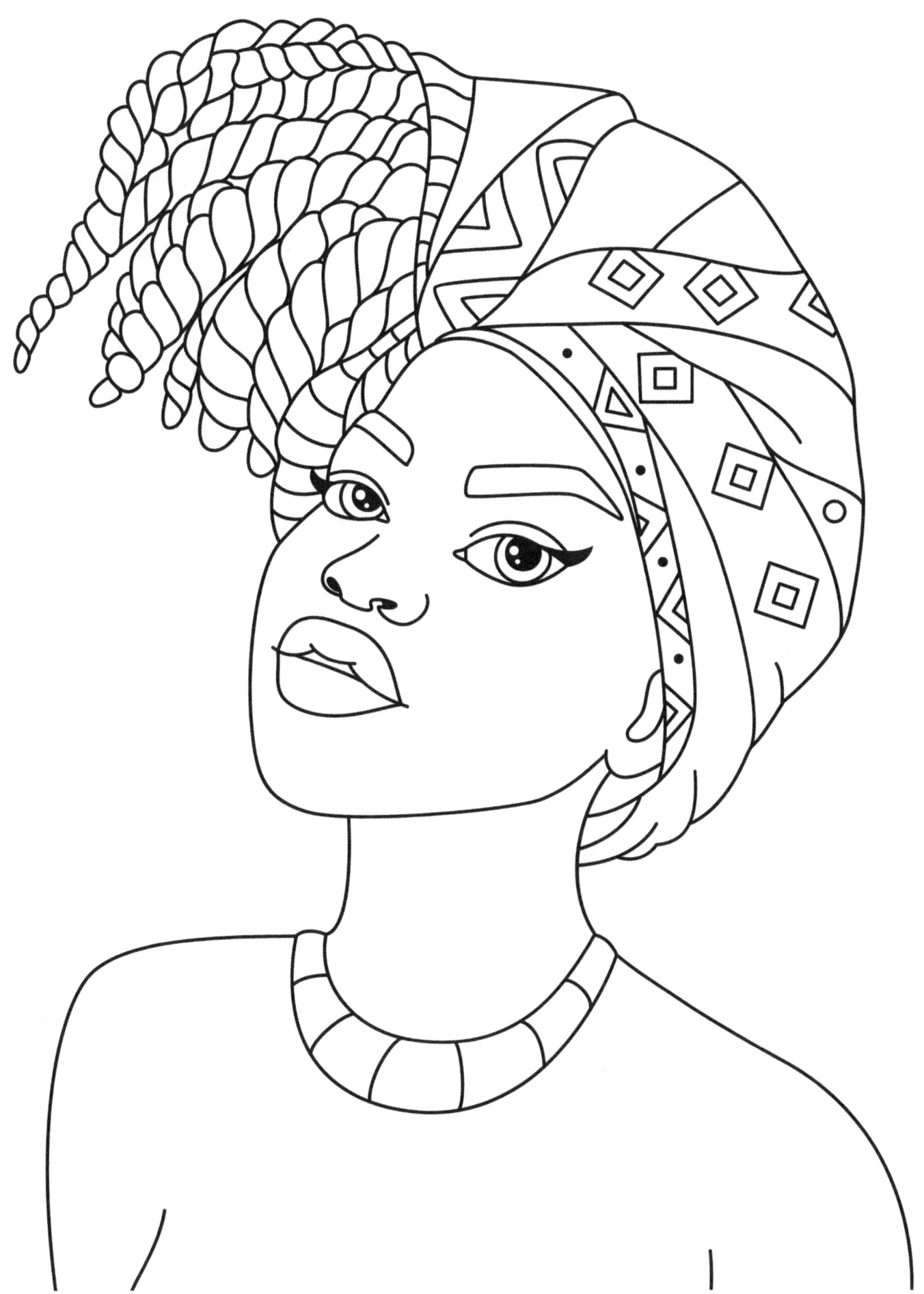

Beautiful Black Girls
Coloring Book

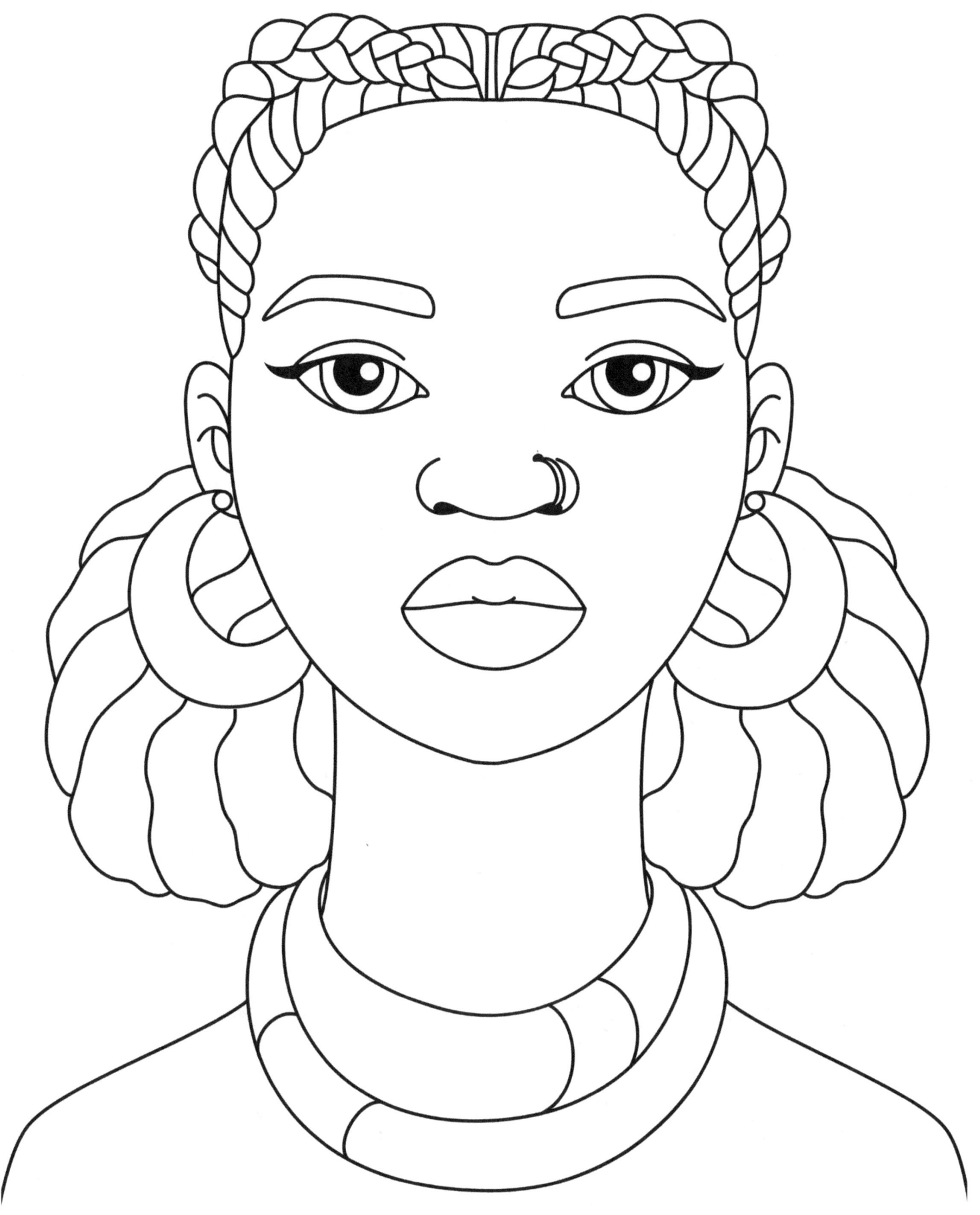

Beautiful Black Girls
Coloring Book

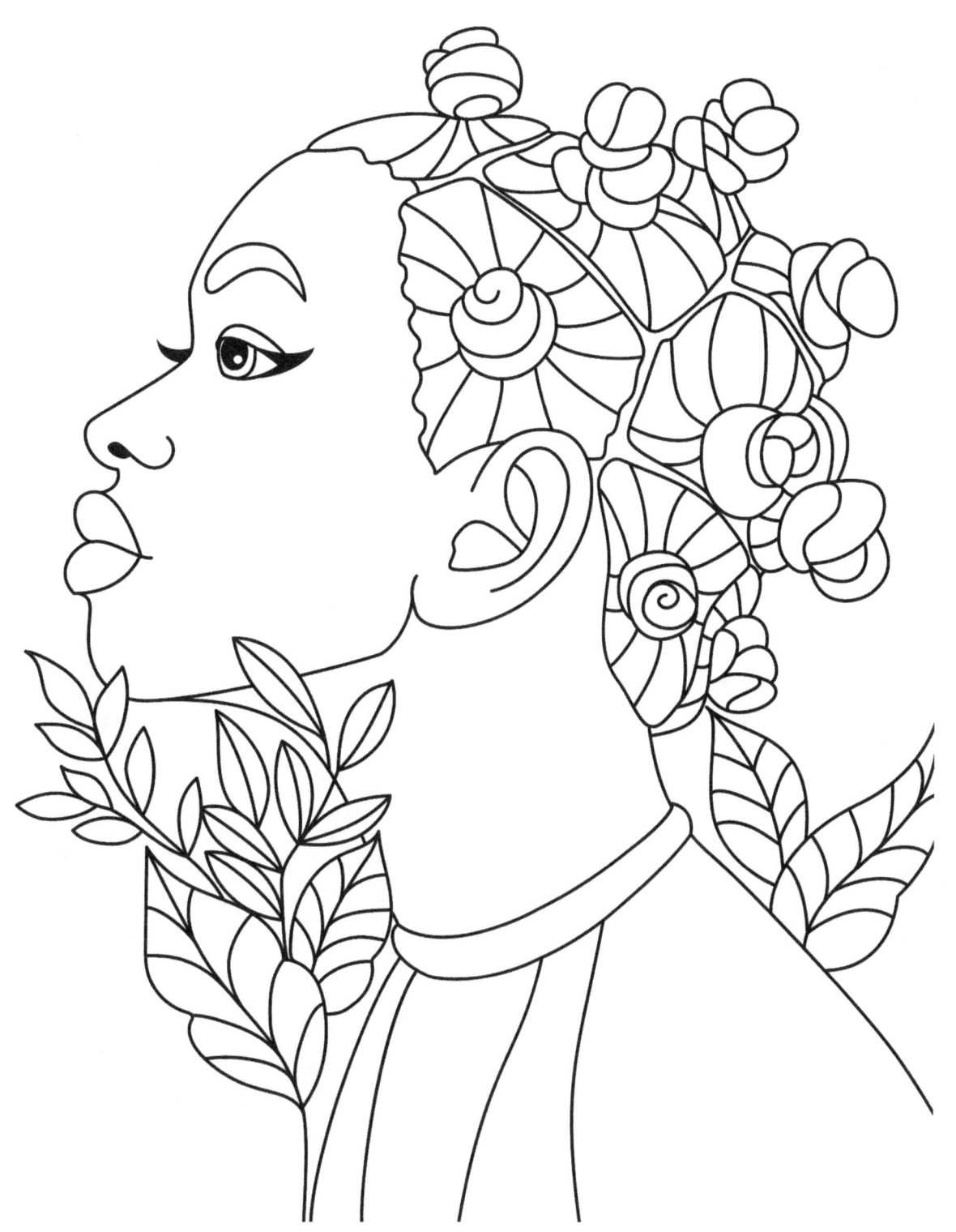

Beautiful Black Girls
Coloring Book

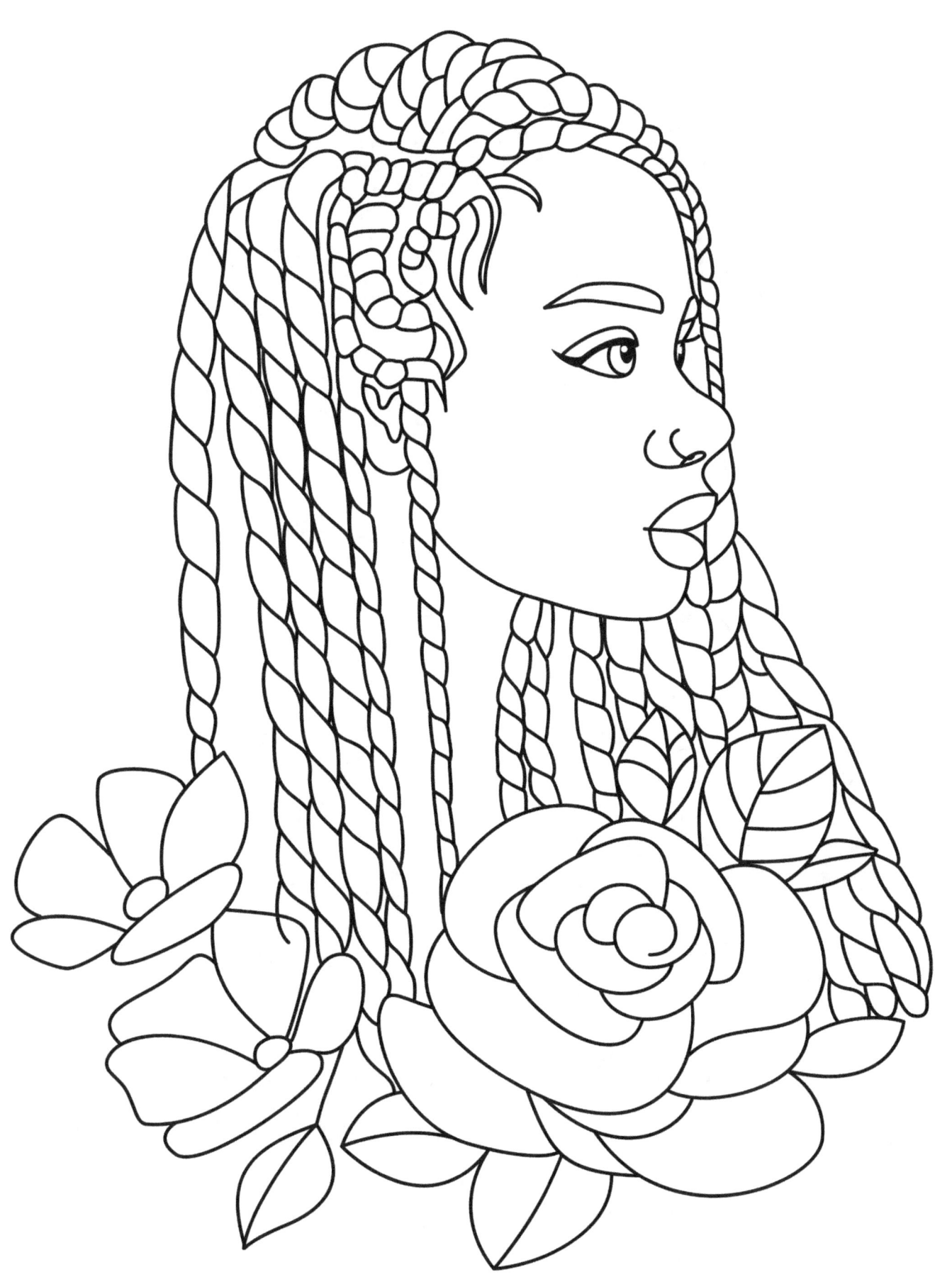

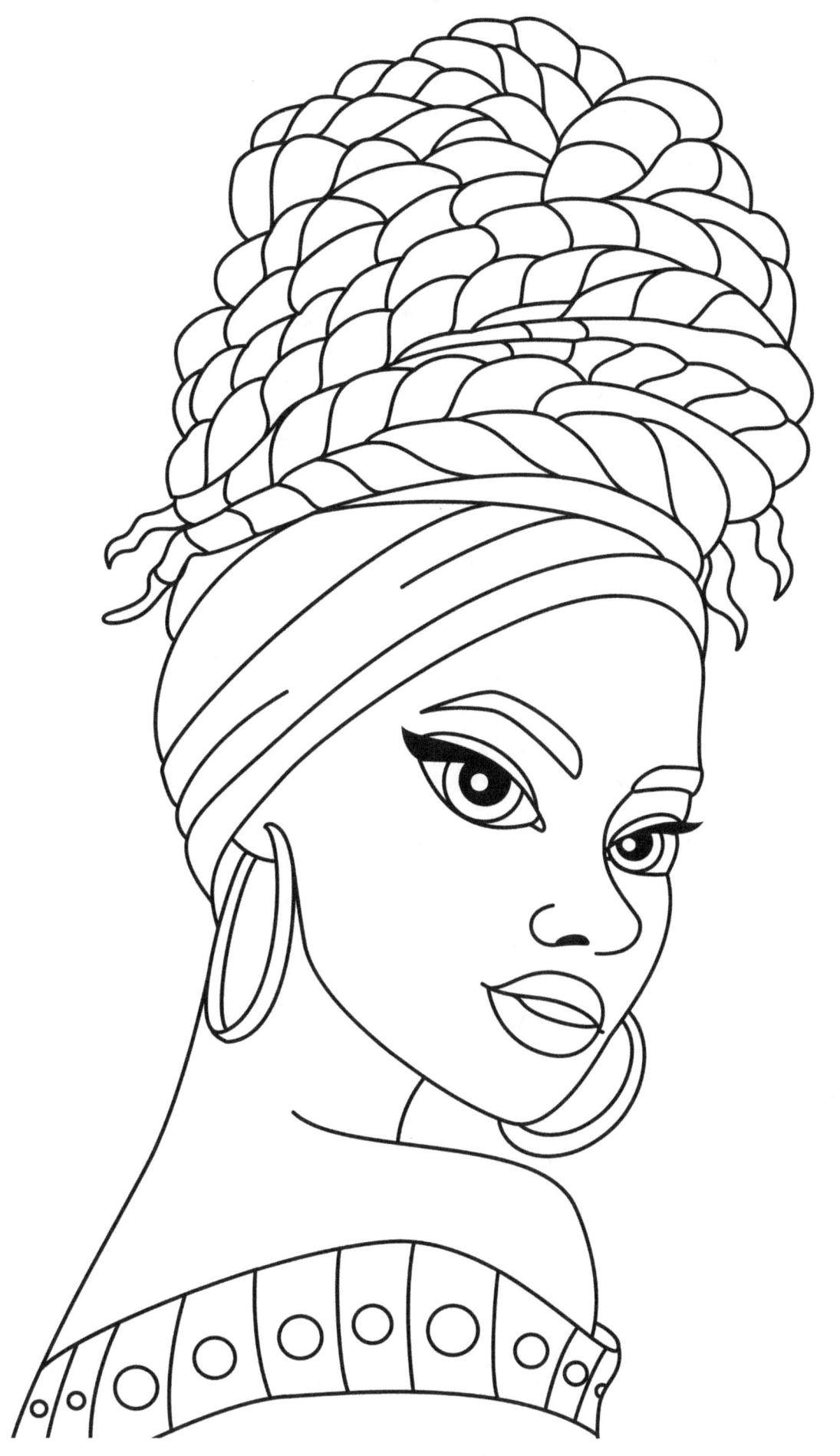

Beautiful Black Girls
Coloring Book

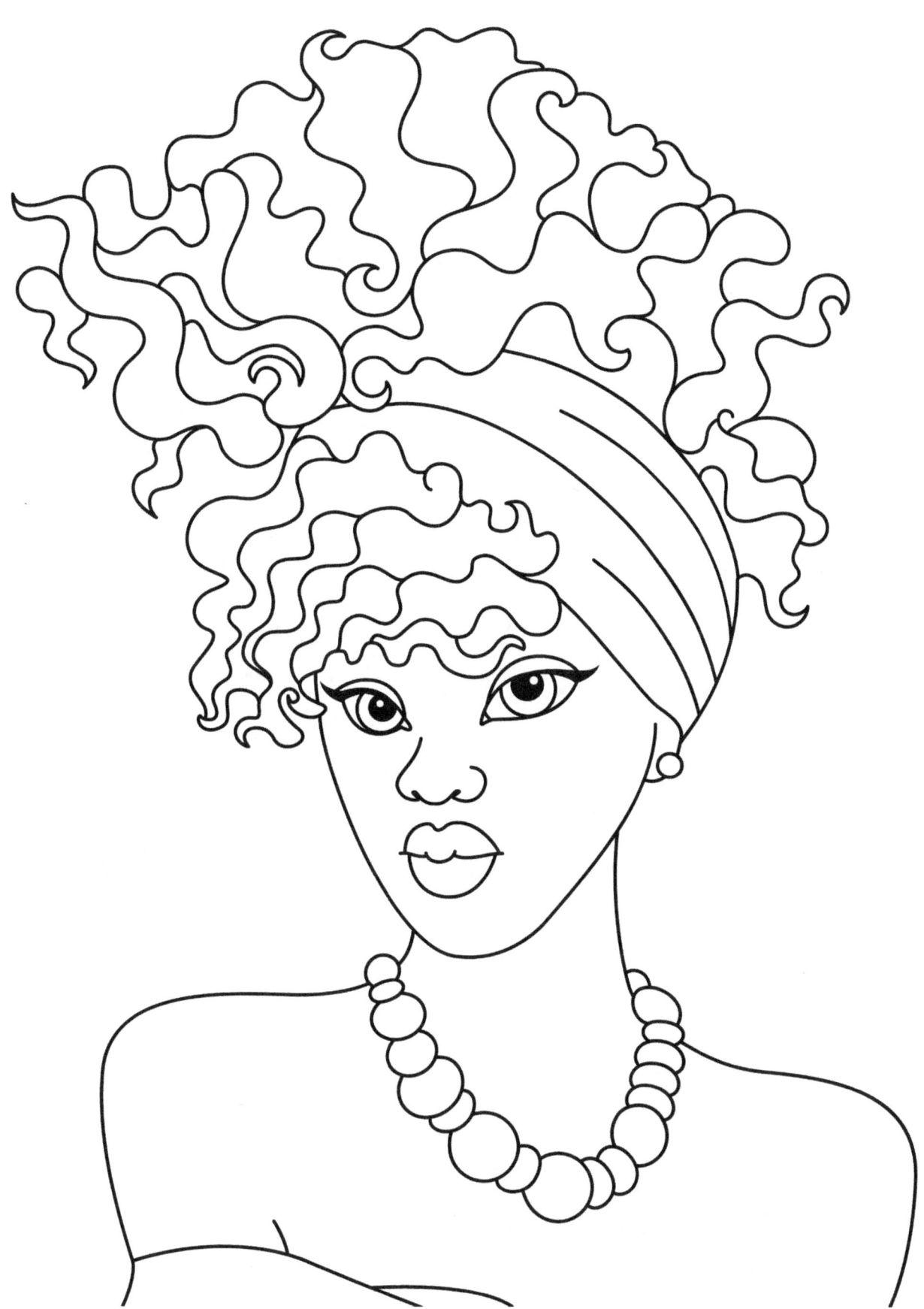

Beautiful Black Girls
Coloring Book

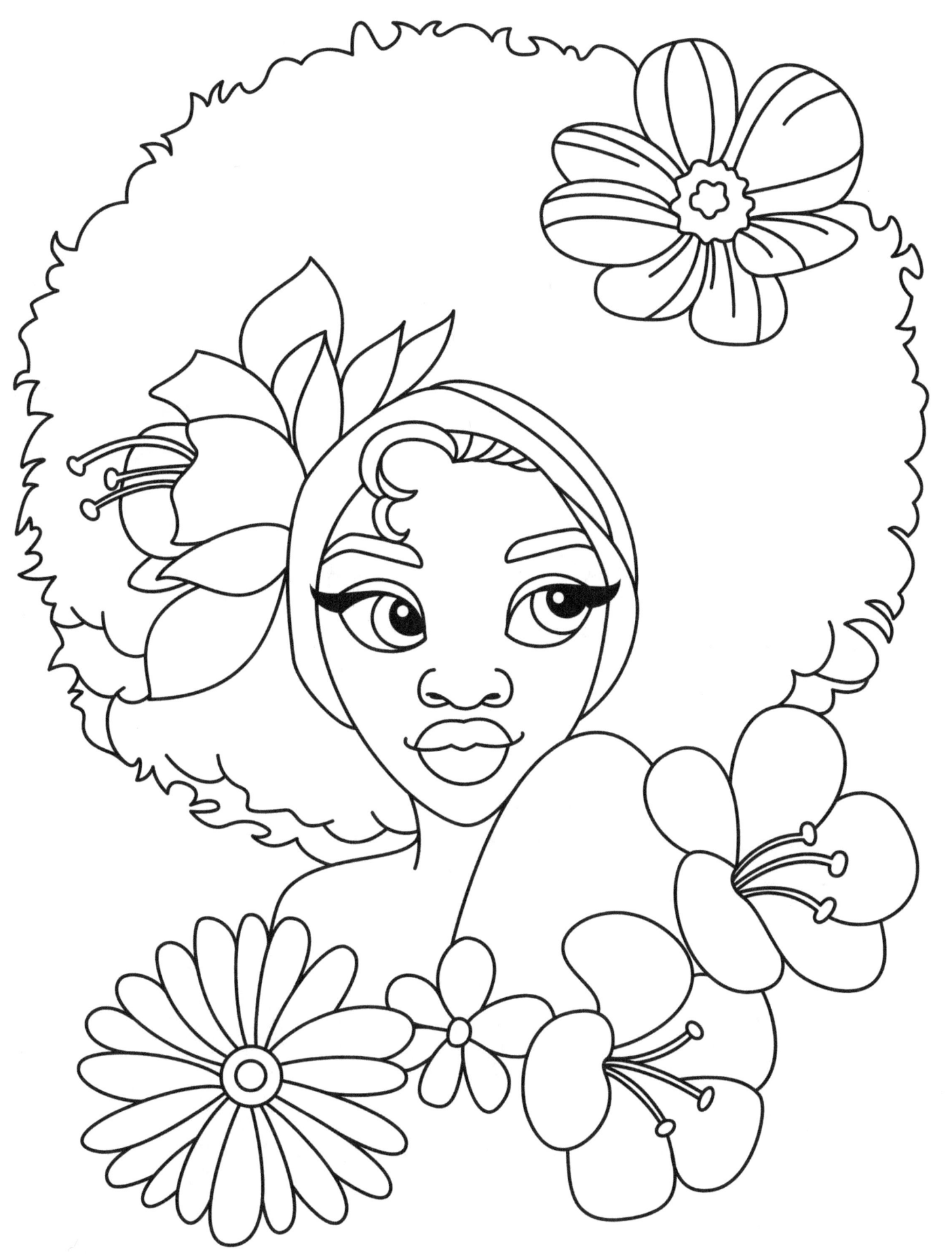

Beautiful Black Girls
Coloring Book

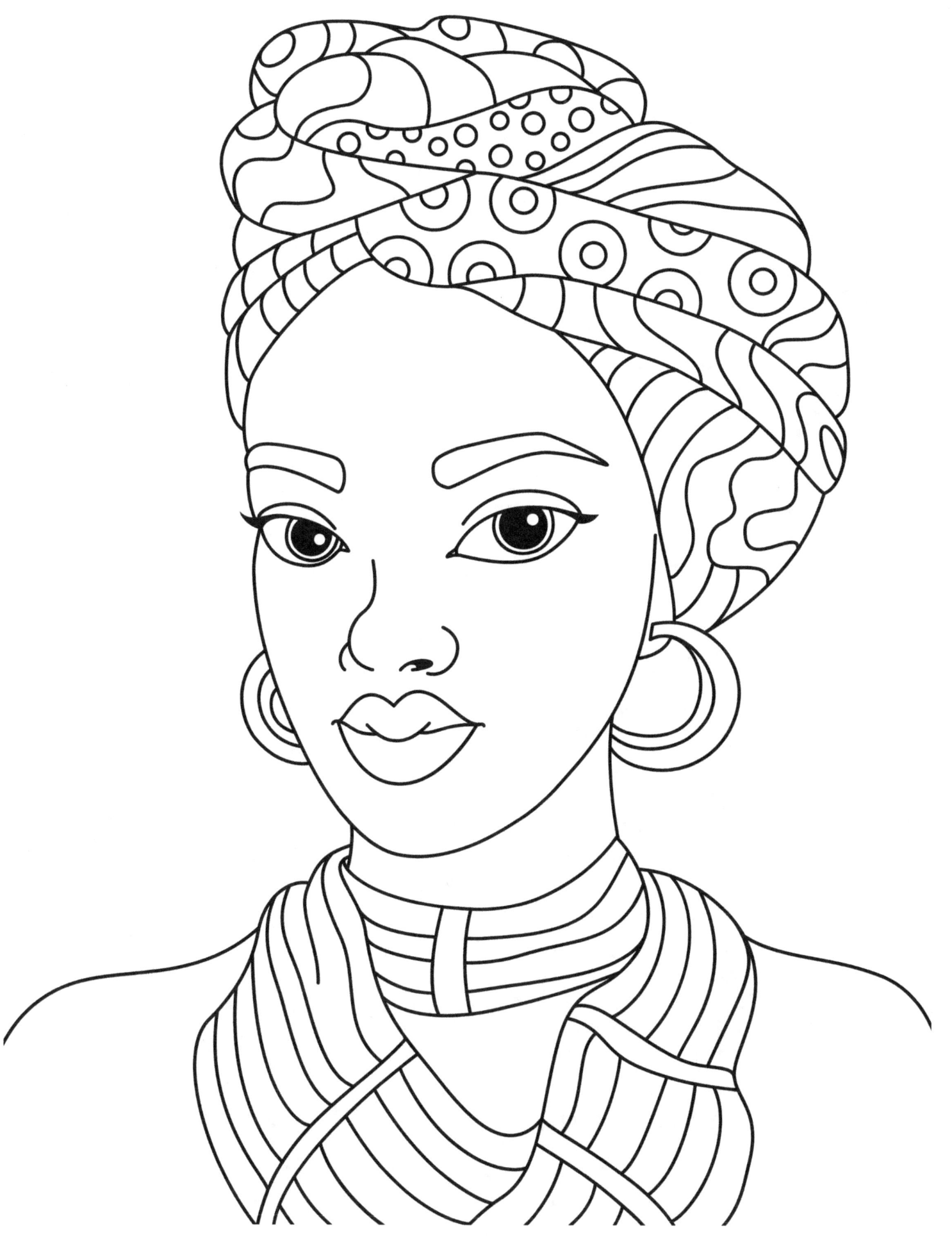

Beautiful Black Girls
Coloring Book

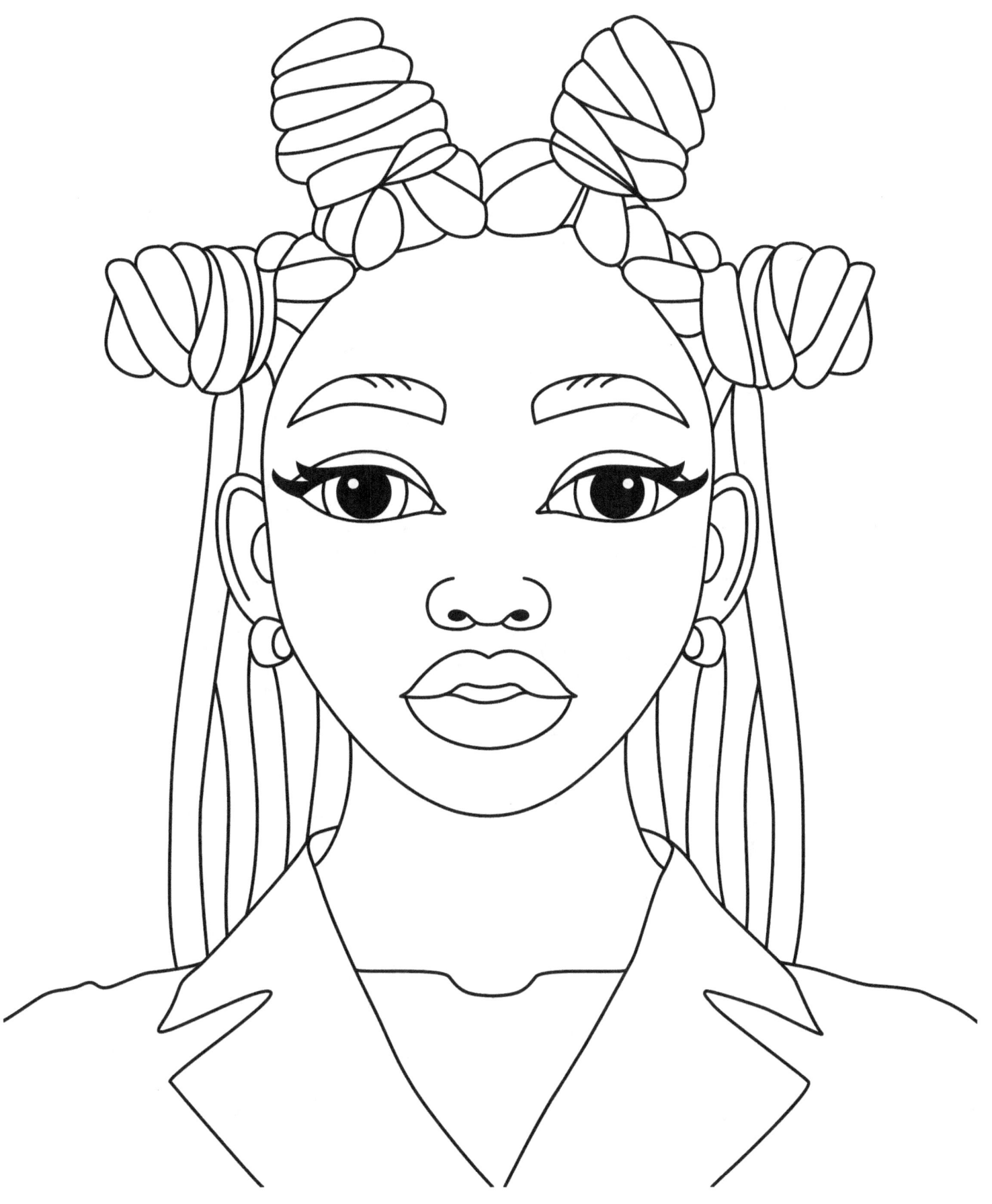

Beautiful Black Girls
Coloring Book

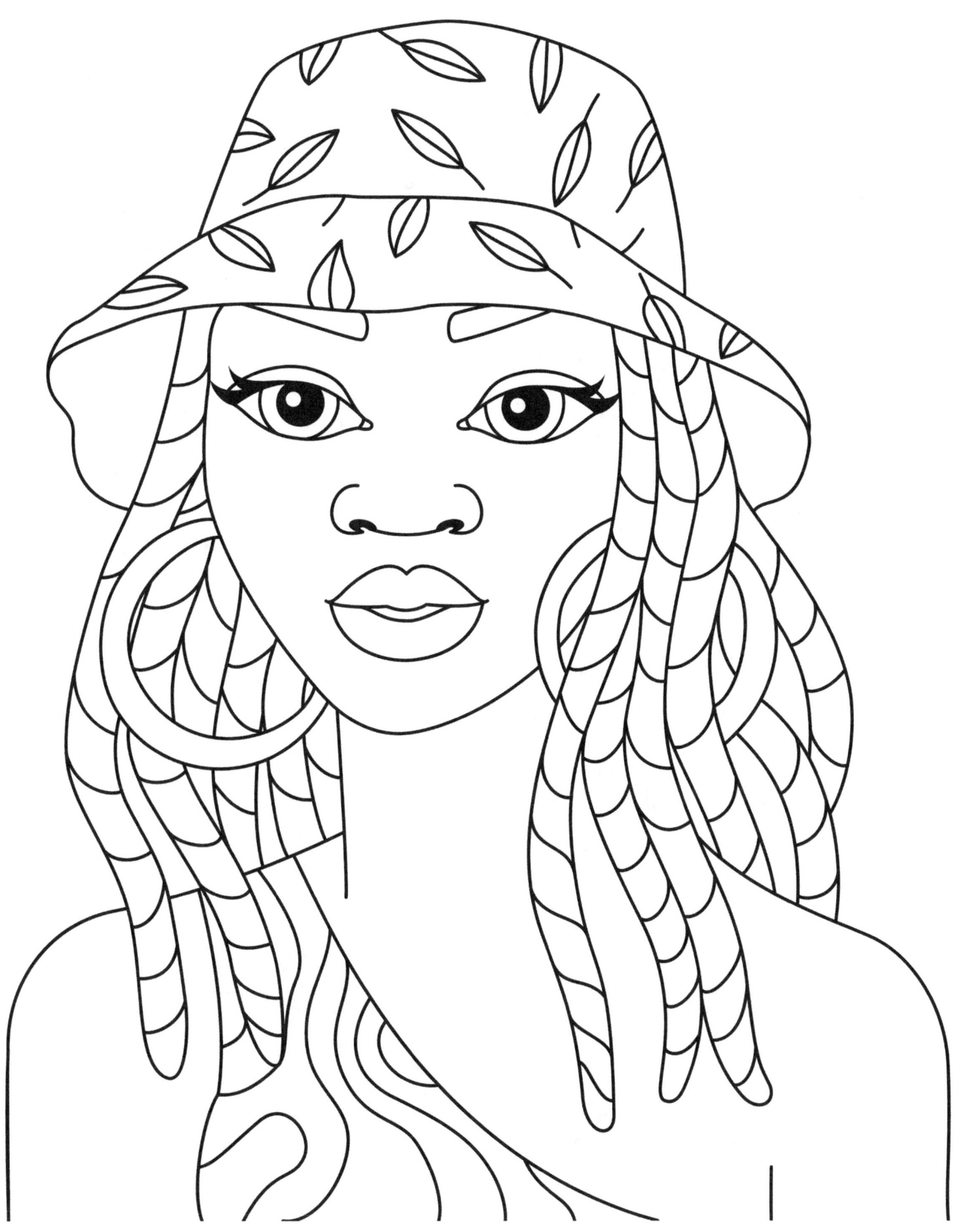

Beautiful Black Girls
Coloring Book

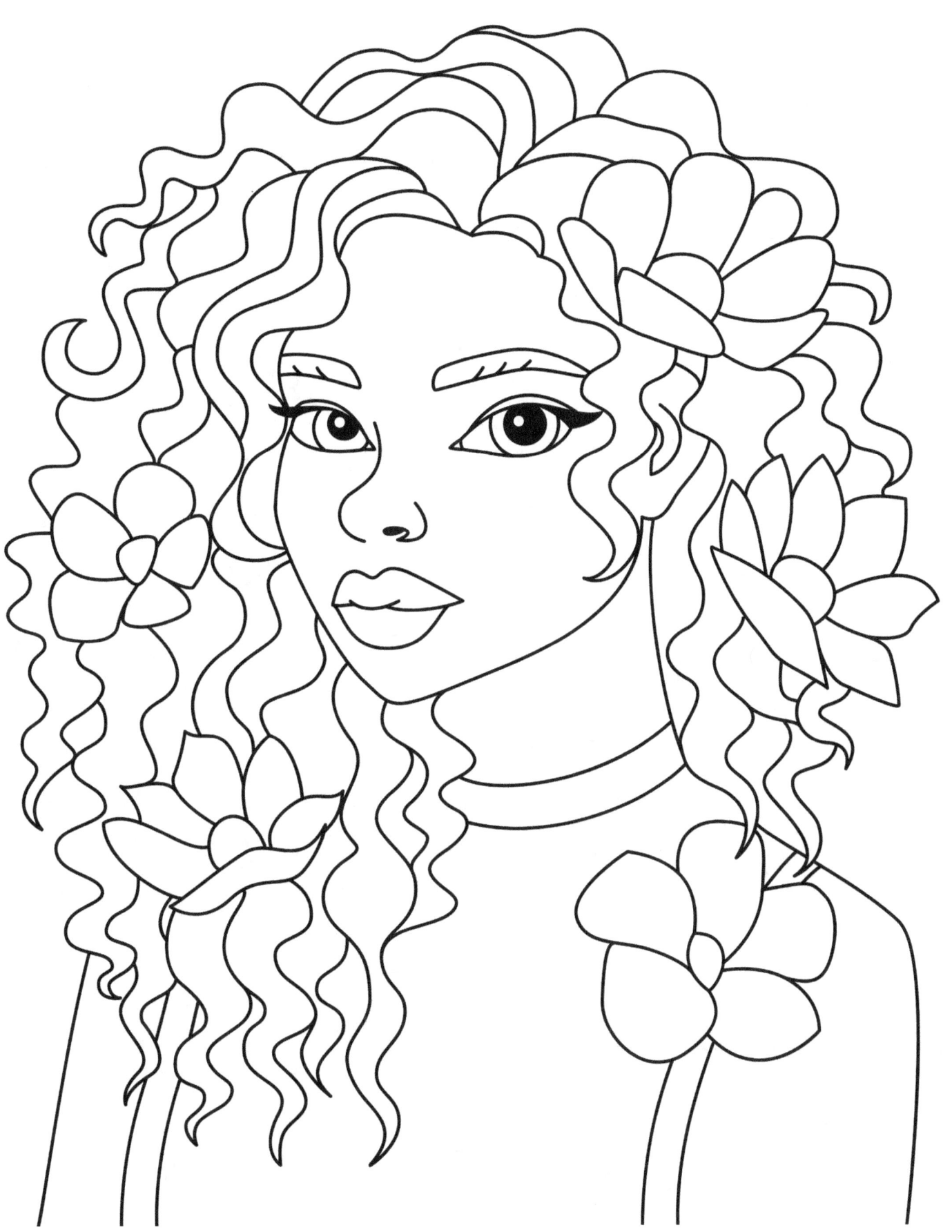

Beautiful Black Girls
Coloring Book

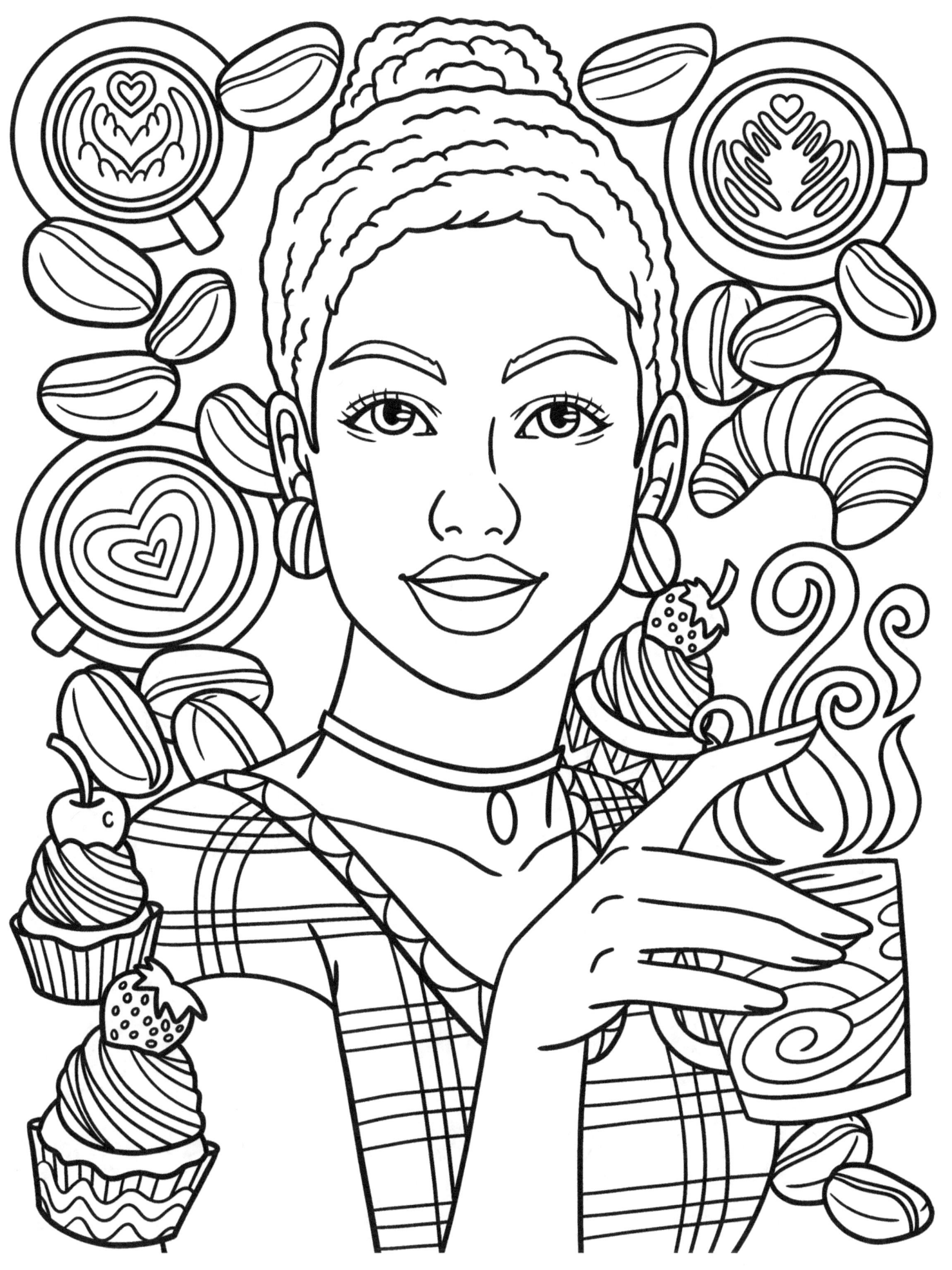

Beautiful Black Girls
Coloring Book

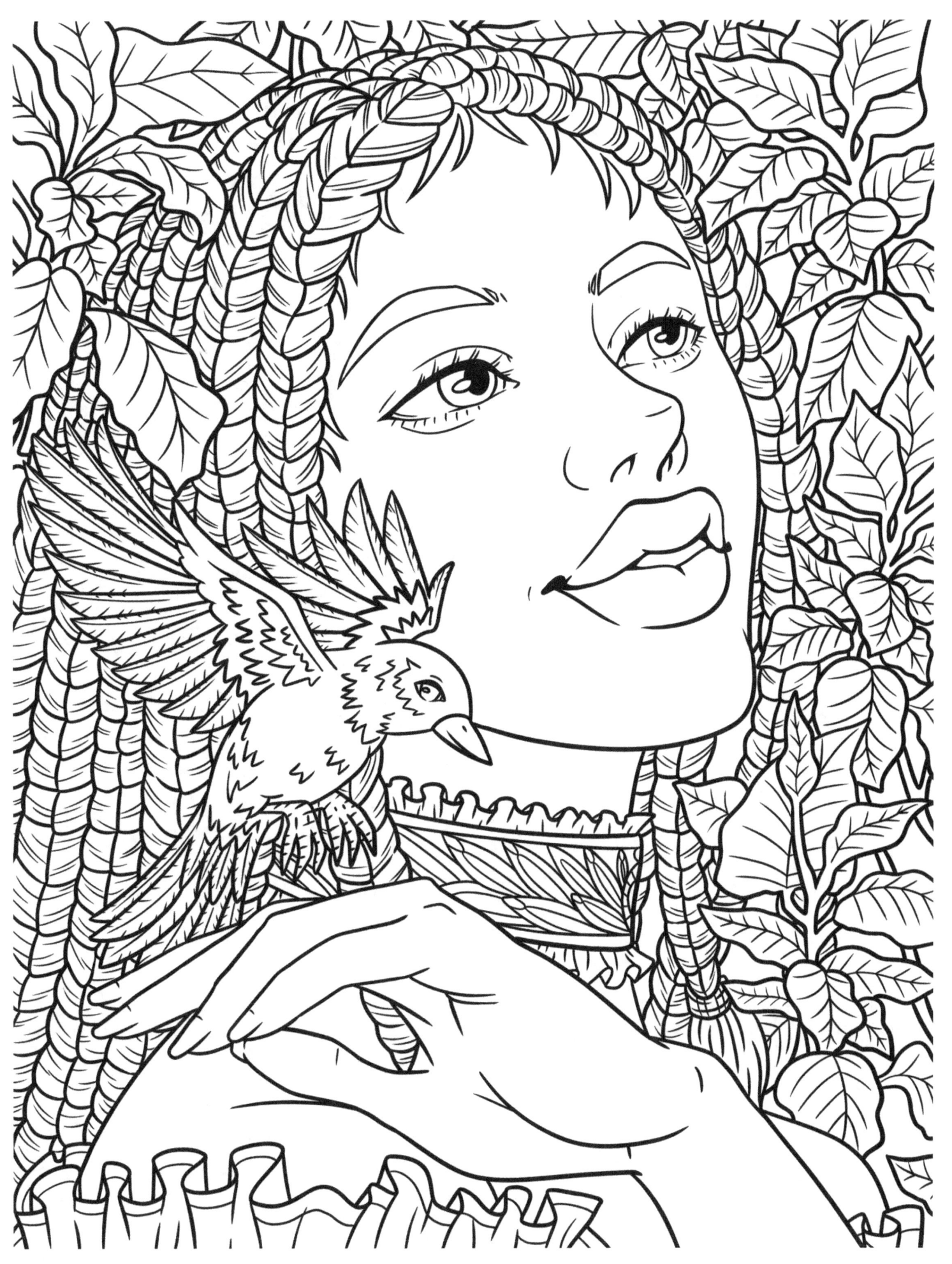

Beautiful Black Girls
Coloring Book

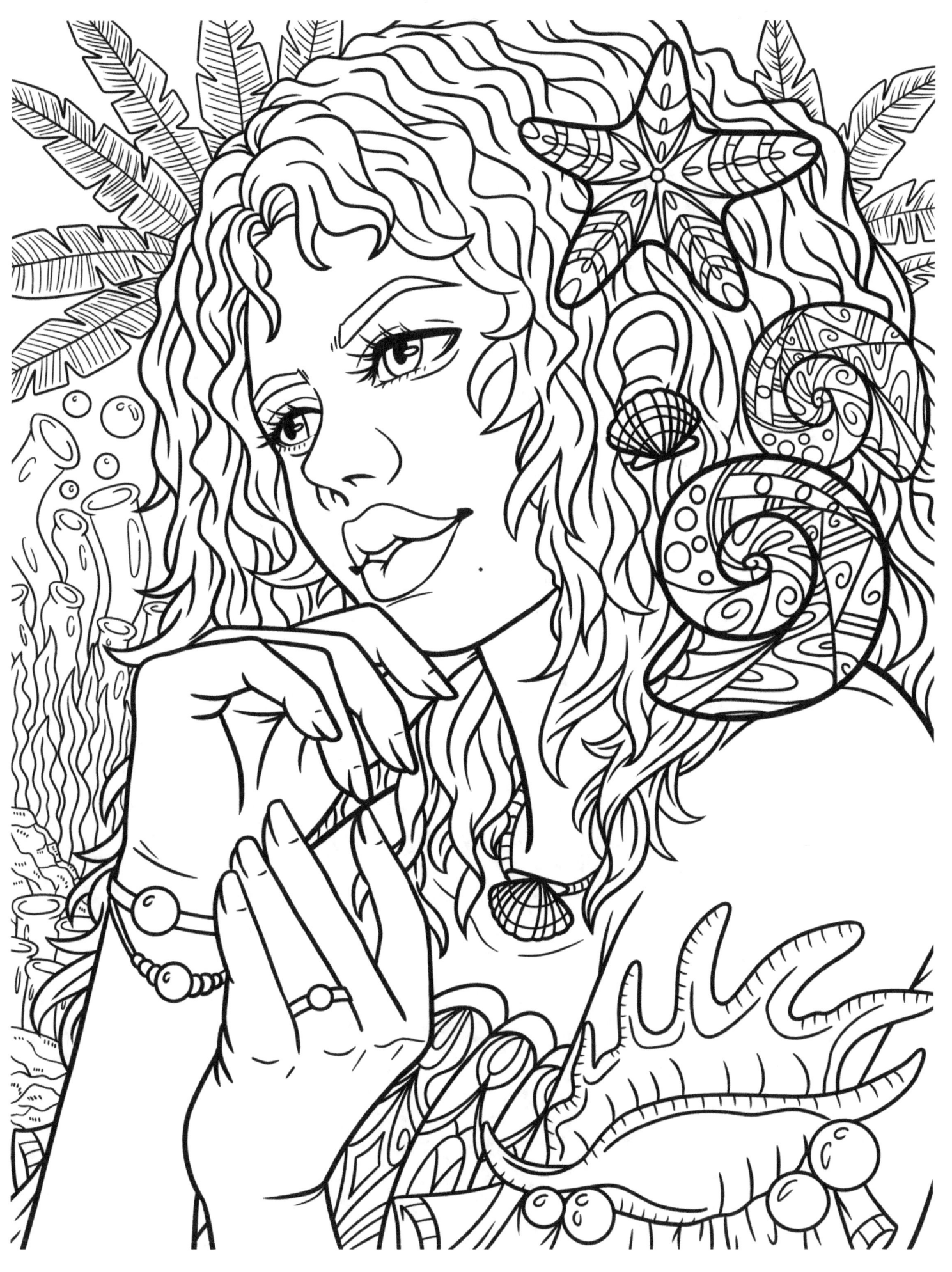

Beautiful Black Girls
Coloring Book

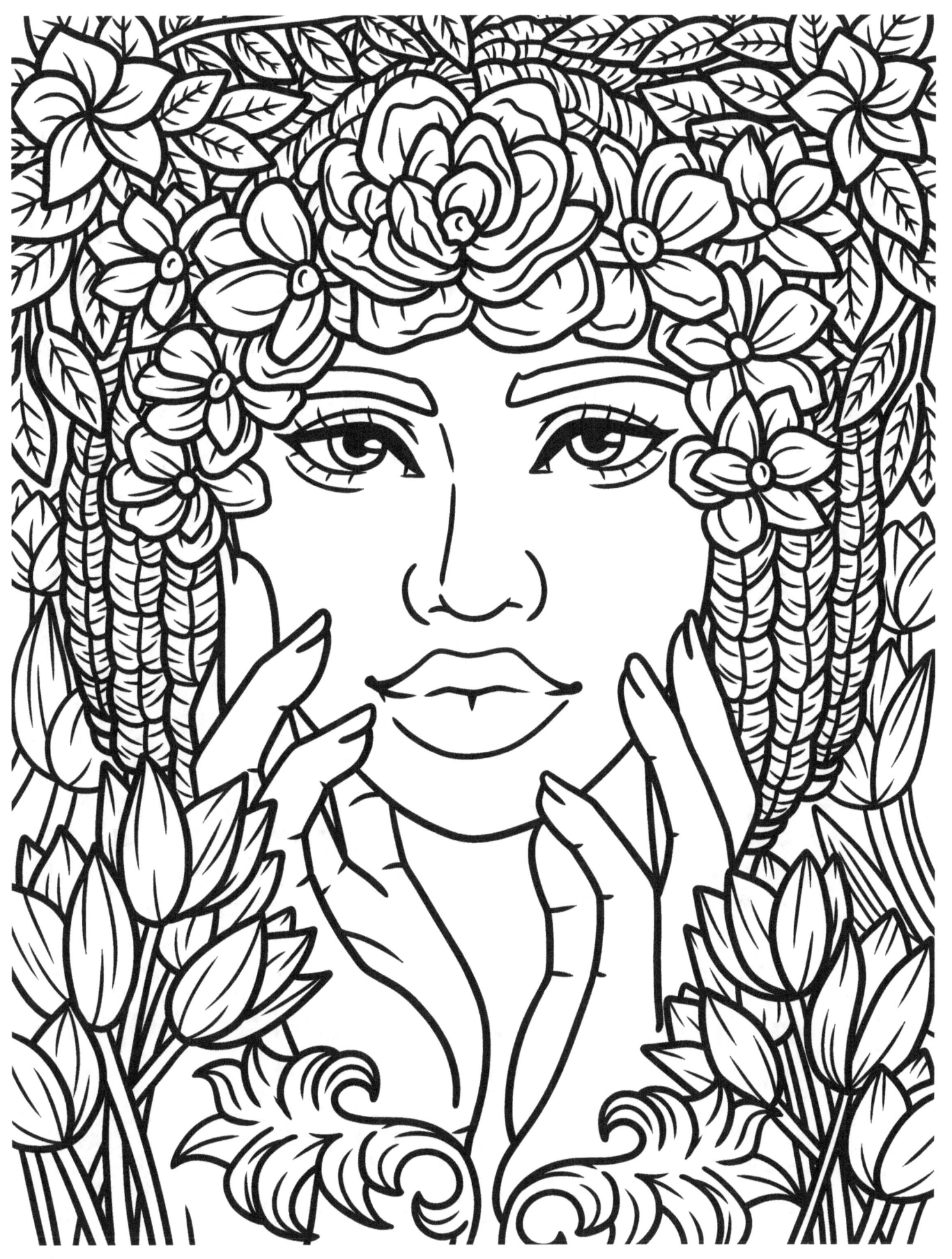

Beautiful Black Girls
Coloring Book

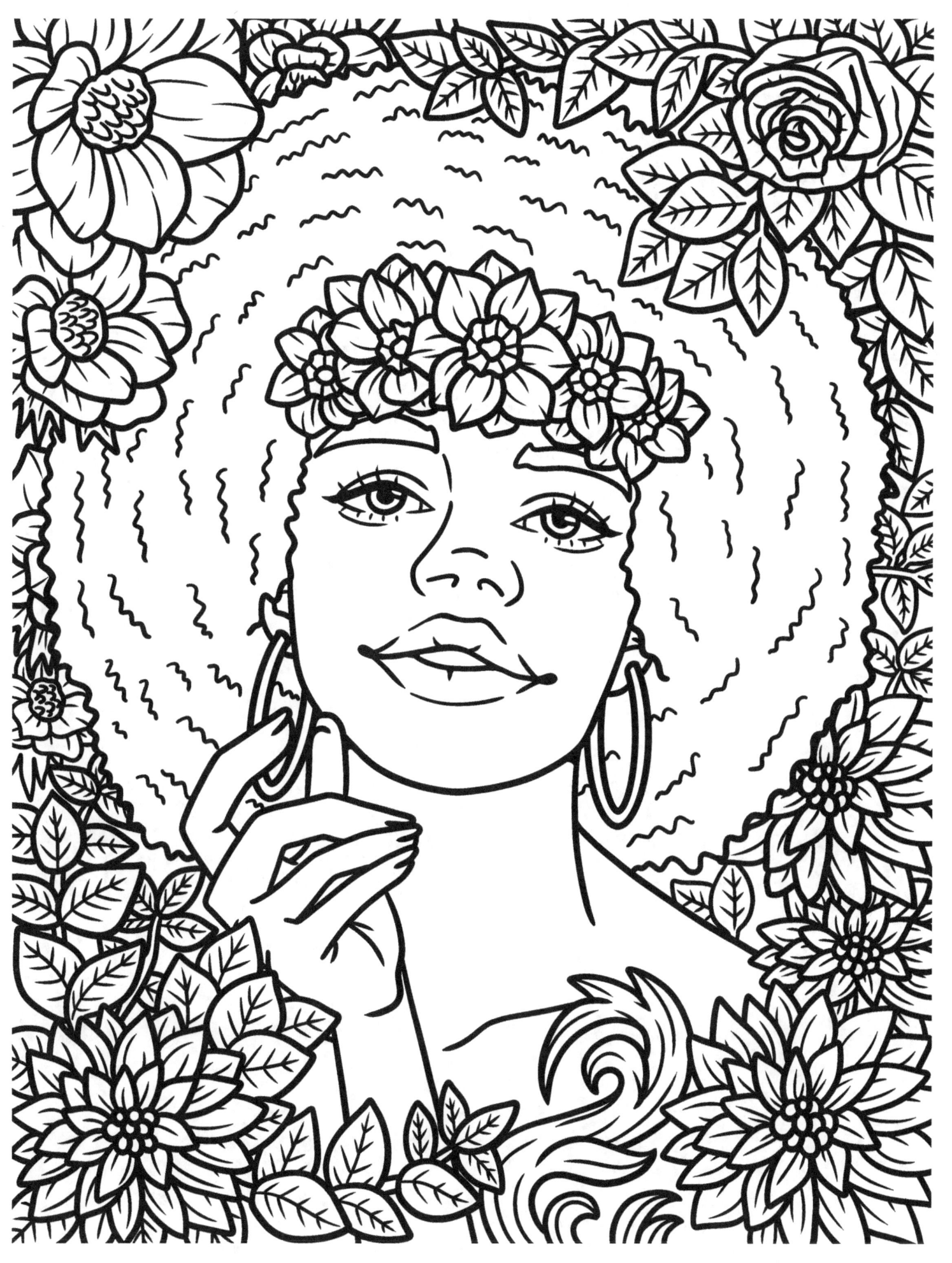

Beautiful Black Girls
Coloring Book

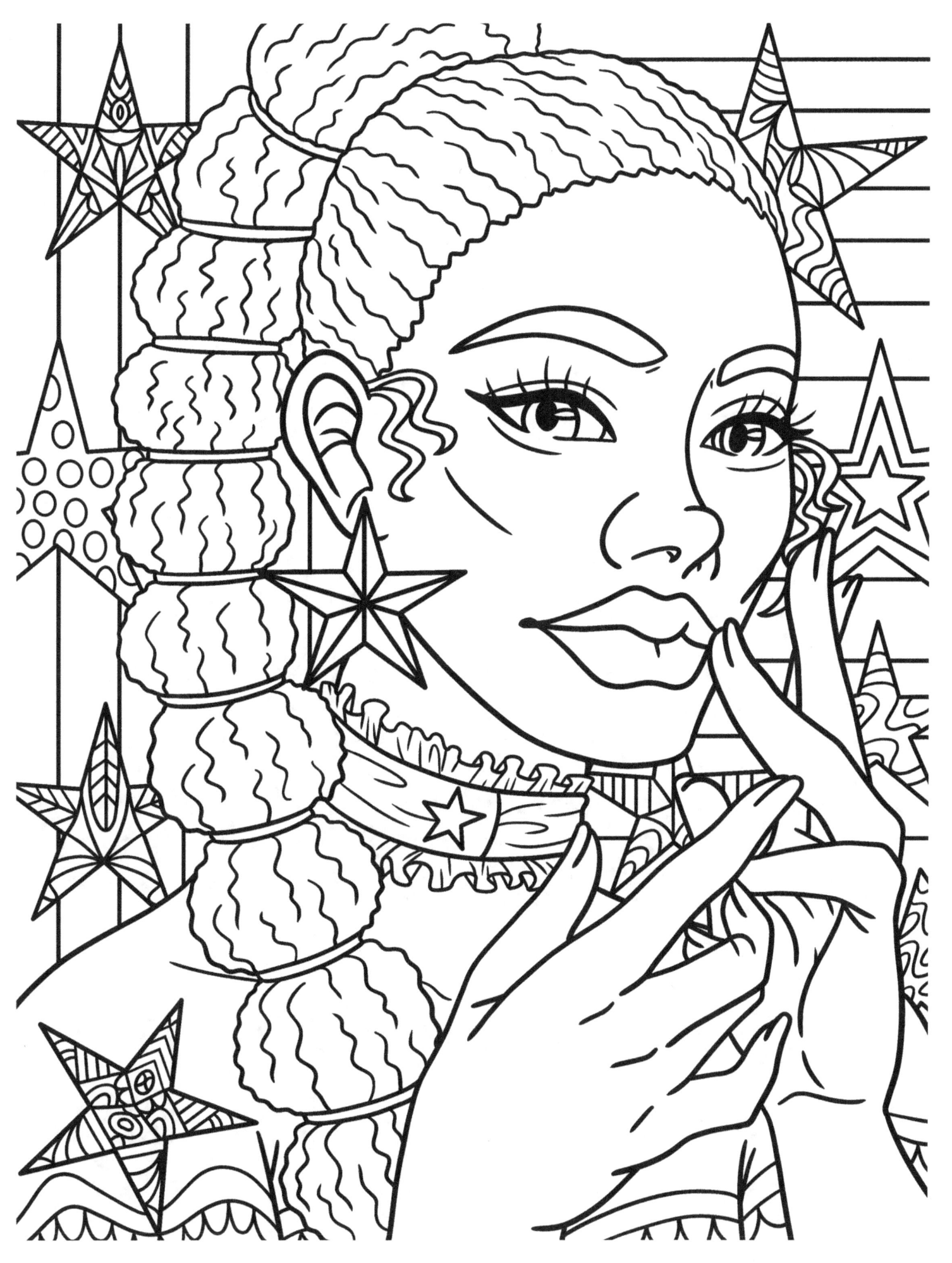

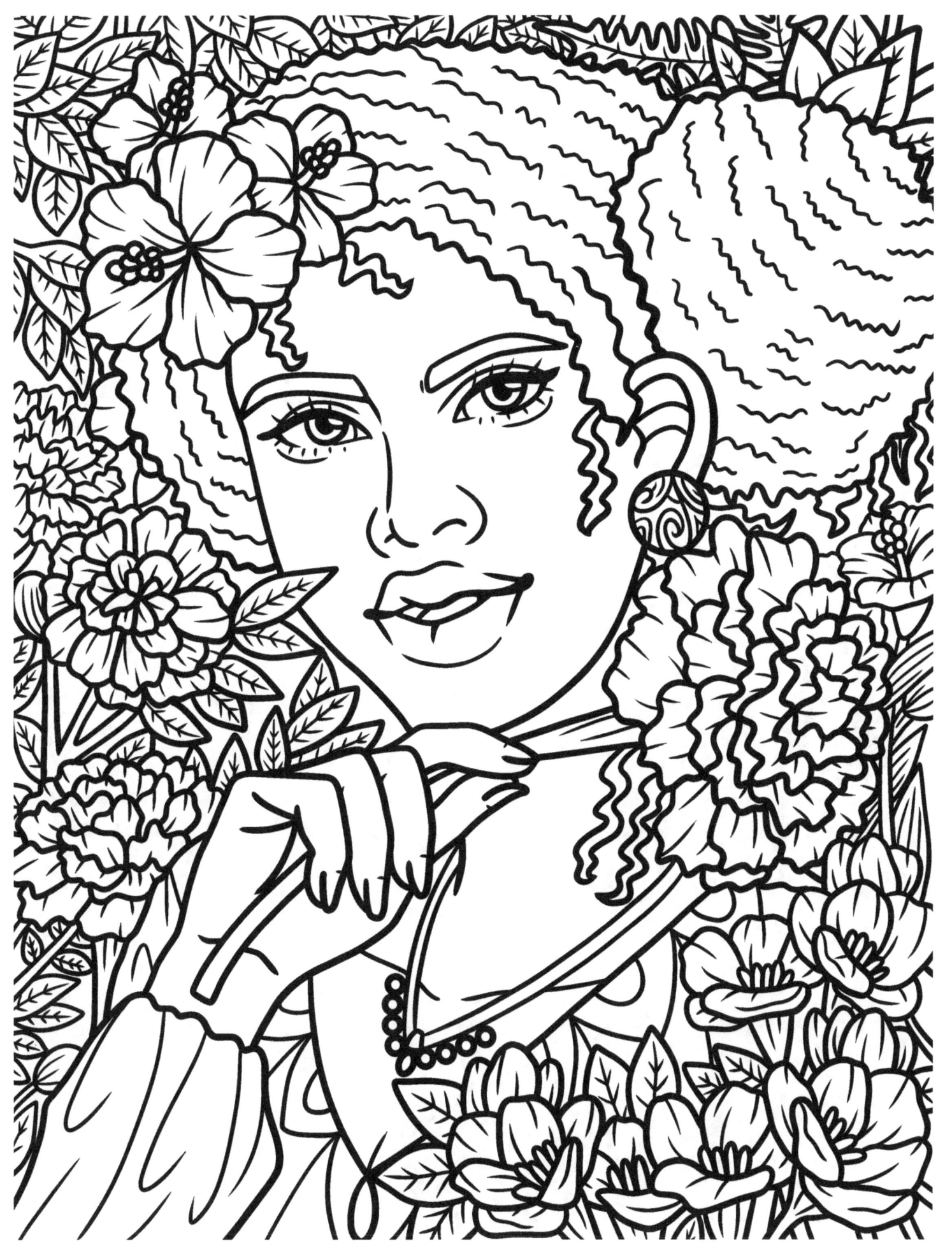

Beautiful Black Girls
Coloring Book

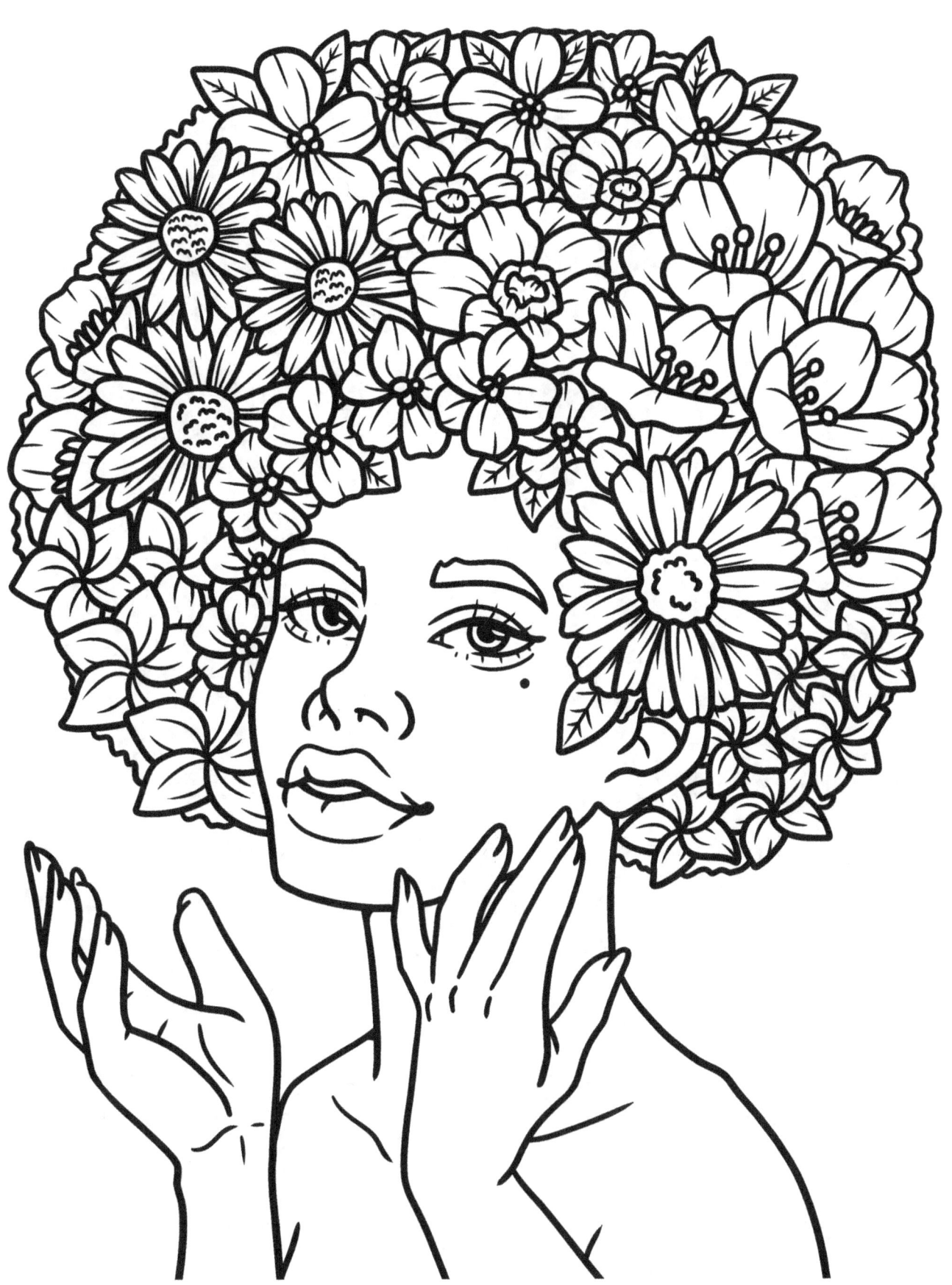

Beautiful Black Girls
Coloring Book

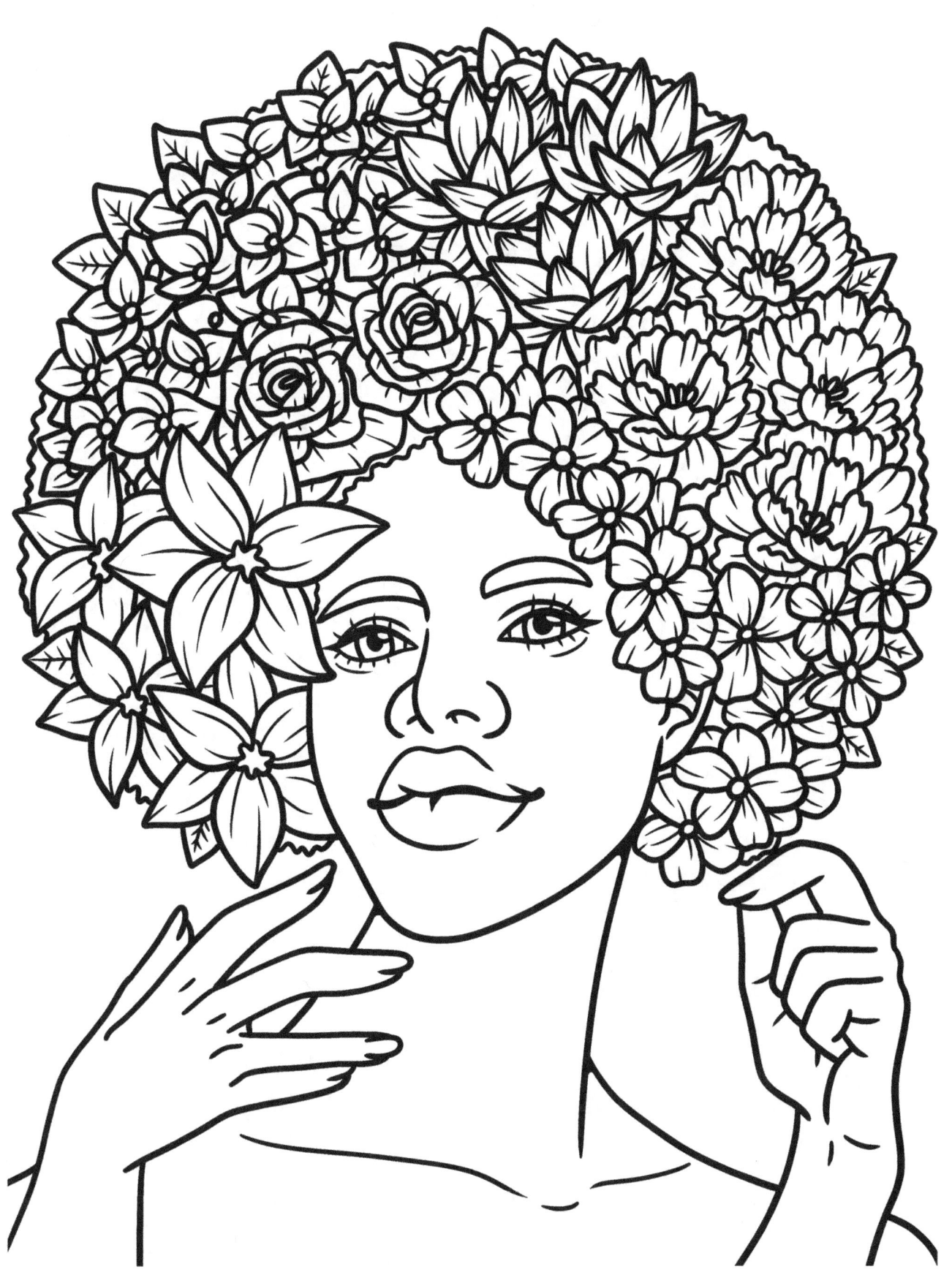

Beautiful Black Girls
Coloring Book

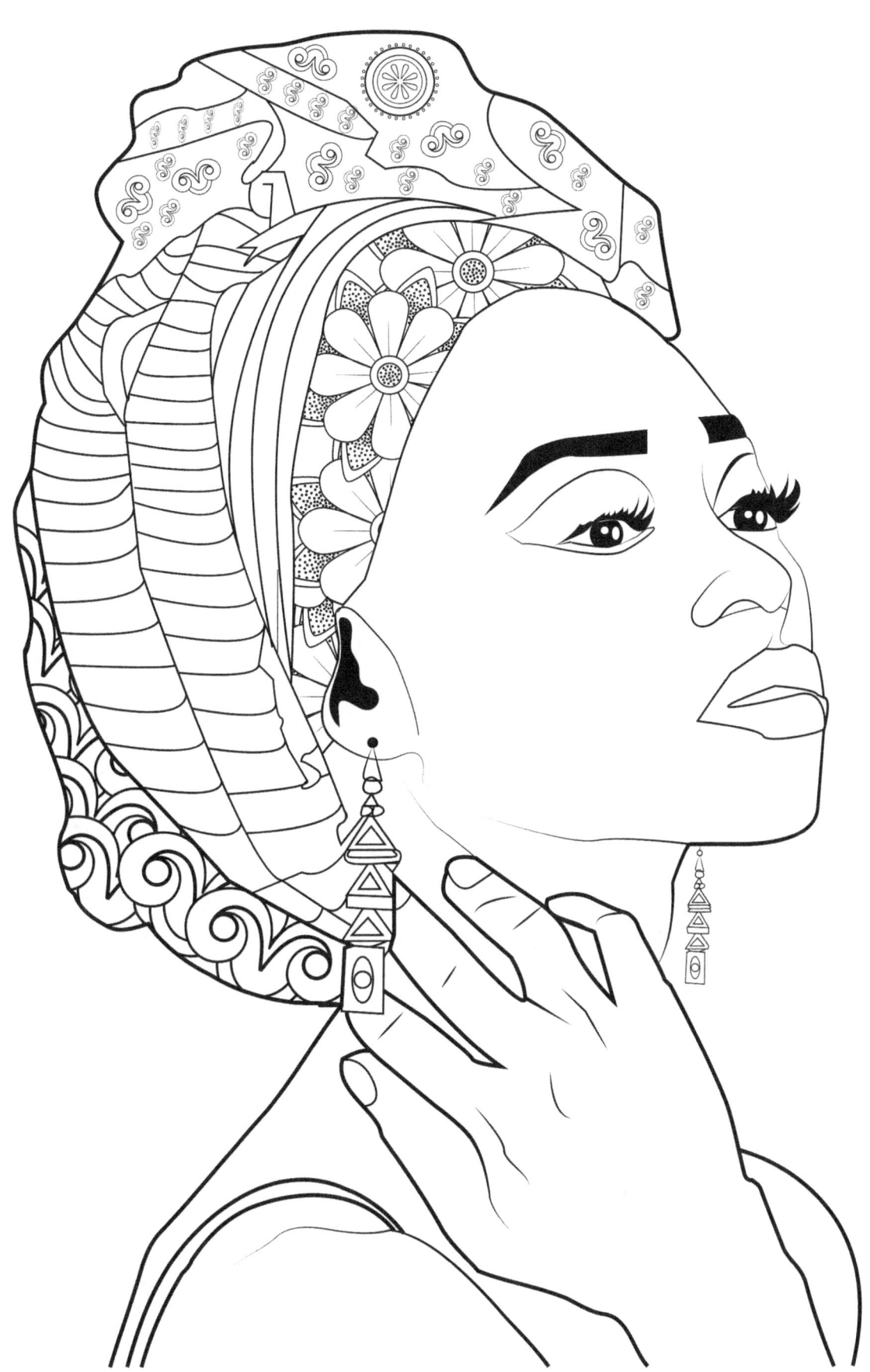

Beautiful Black Girls
Coloring Book

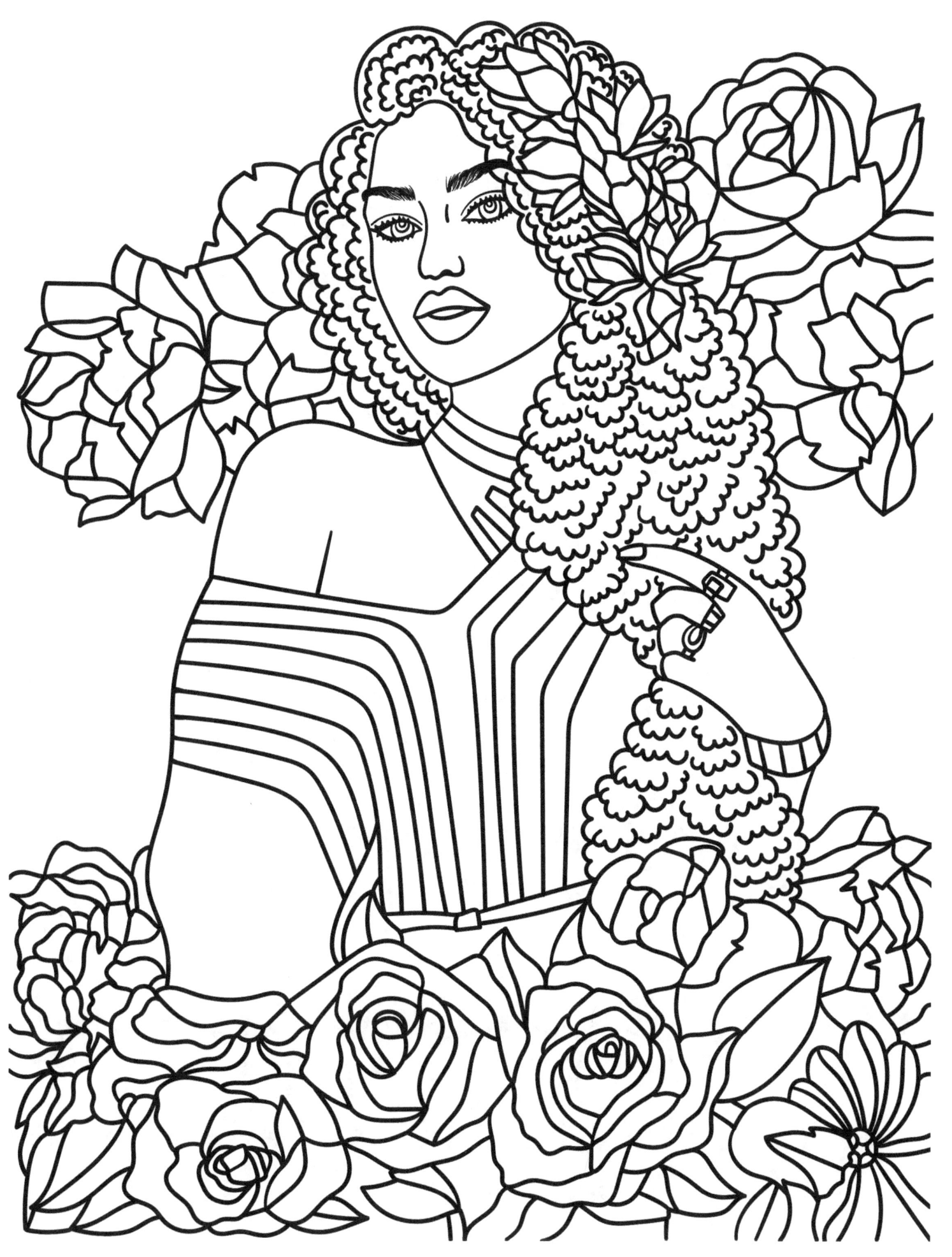

Beautiful Black Girls
Coloring Book

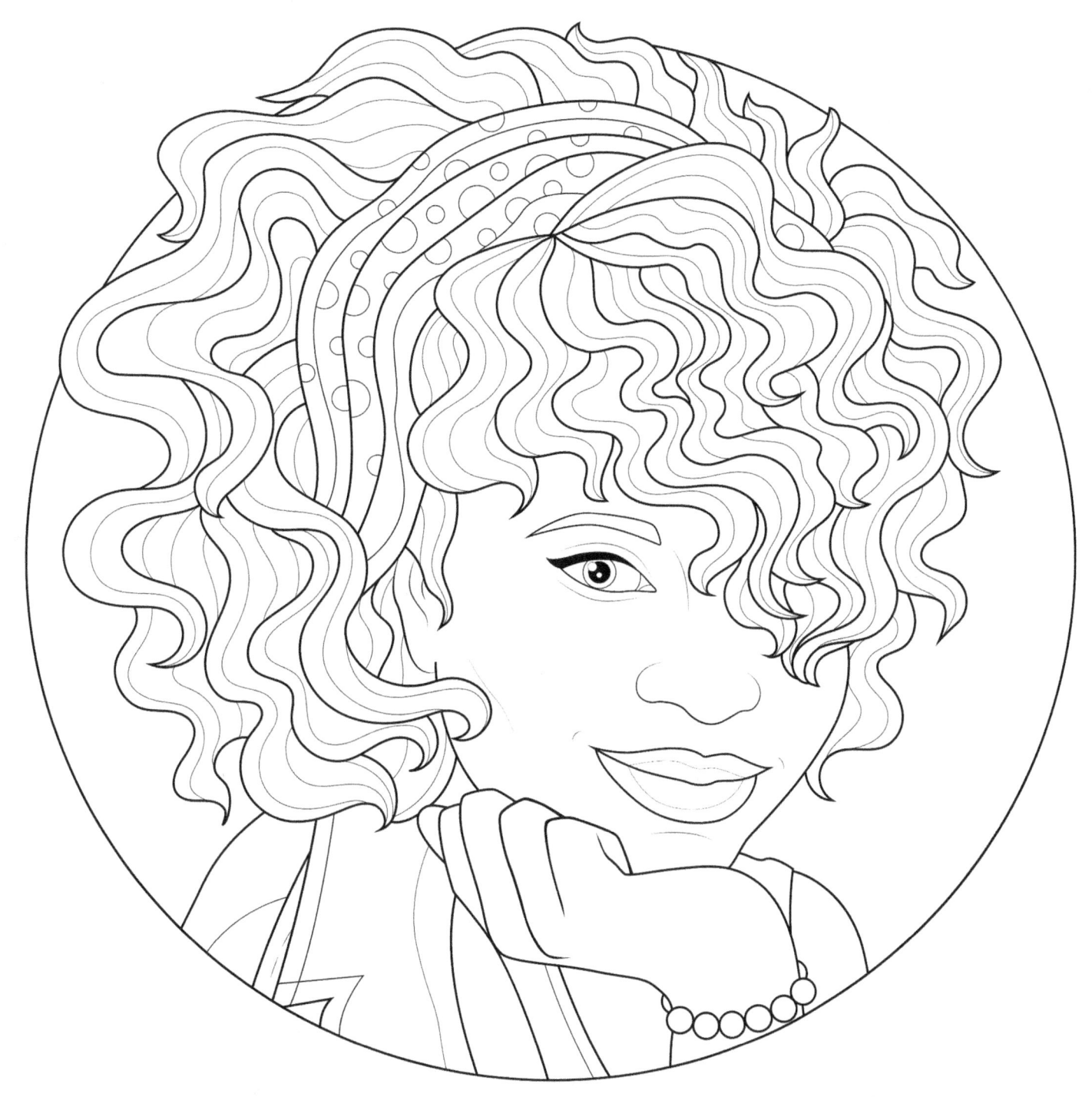

Beautiful Black Girls
Coloring Book

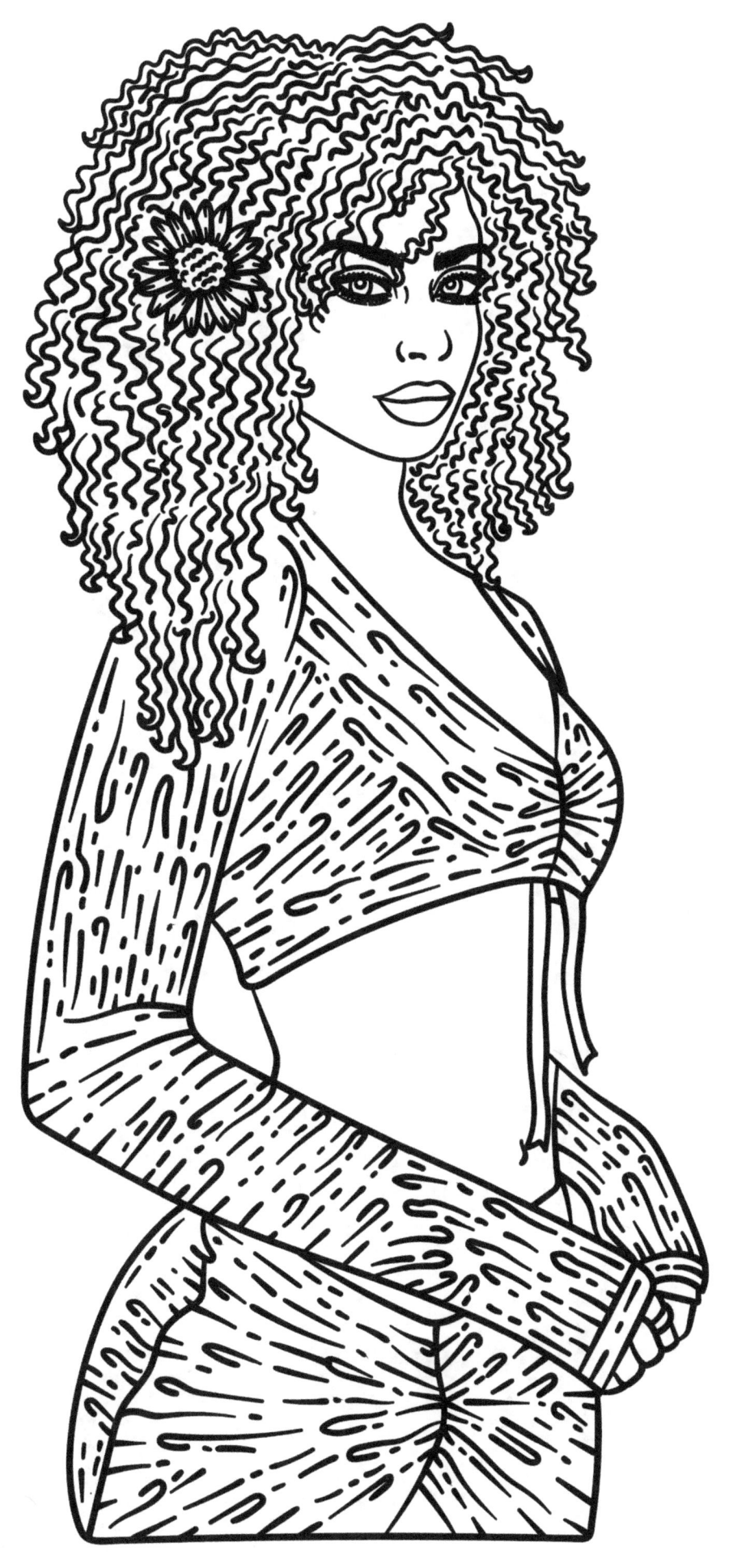

Beautiful Black Girls
Coloring Book

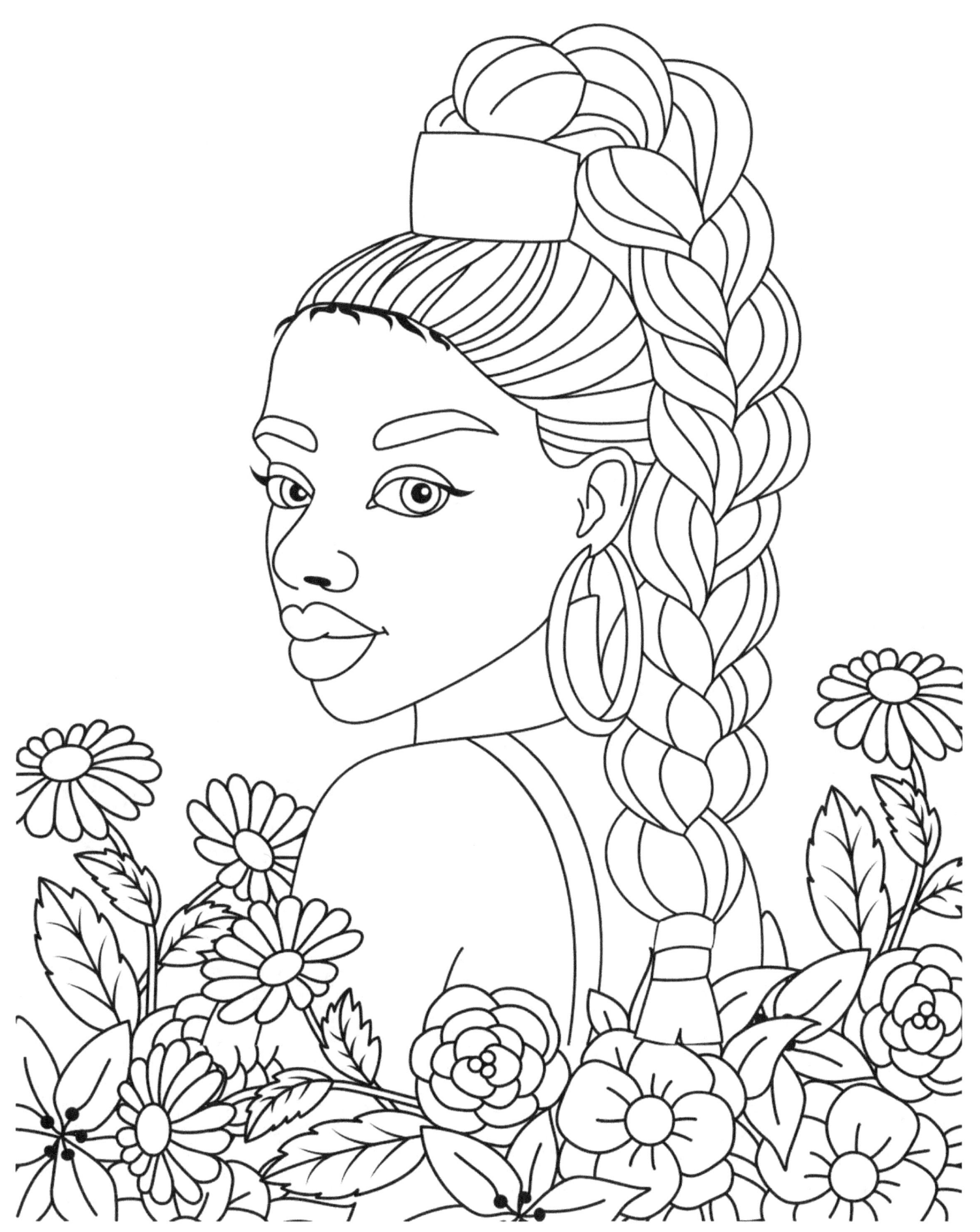